바리스타가 알고 싶은 커피학

바리스타가 알고 싶은 커피학

(사)한국커피전문가협회

(주)교 문 사

발간사

국내 커피시장에서 원두커피의 선호도가 꾸준히 증가하고 있는 추세이며, 일반인의 커피에 대한 관심 또한 폭발적으로 높아지고 있는 실정입니다.

원두커피의 문화가 세계적인 추세이고, 한국의 경우 국민 소득수준 및 라이프스타일의 향상, 웰빙에 대한 관심 등의 사회적 분위기들을 감안해 볼 때, 점차 그 수요가 증가할 것으로 예상되고 있습니다.

지난 2005년 이후 커피에 관한 전문 지식을 얻고자 바리스타 자격증을 취득하려는 응시생도 크게 늘고 있습니다. 이에 (사)한국커피전문가협회에서 집필진을 구성하여 커피 관련 역사와 문화, 원두의 생산 및 커피제조에 대한 기초 이론과 실제를 정리하여《바리스타가 알고 싶은 커피학》으로 출간하게 되었습니다.

앞으로 우리 커피 시장에서 새로운 커피 문화를 창조하고, 창업을 위한 유용한 기초 지식과 정보를 담은 교재로 대학, 커피아카데미 등의 커피 교육기관에서 교육을 담당하고 있는 교수님 및 일반인들에게 널리 활용되길 바랍니다.

이 교재가 만들어지기까지 많은 분들의 노고가 있었습니다. 먼저 (사)한국커피전문가협회 학술위원장 김송숙 교수님을 비롯하여, 김재근 교수님, 이효숙 교수님, 전광수 교수님, 길진모 교수님, 송훈 교수님, 최유미 교수님께 감사의 말씀을 드리며, 촉박한 기일에 책을 출간하느라 수고한 (주)교문사의 양계성 상무님을 비롯한 직원 여러분께 감사드립니다.

2011년 3월

(사)한국커피전문가협회 회장 장상문

《바리스타가 알고 싶은 커피학》을 내면서

바쁜 일상 가운데 마시는 커피 한 잔은 잠깐 동안이지만 마음의 여유를 갖게 하고 정신적 긴장을 해소시켜 주는 현대인의 카타르시스 역할을 하고 있다. 특히, 느림의 미학이 요구되는 시대에 인스턴트 커피보다는 바리스타의 개성이 깃든 원두커피의 향과 맛을 찾는 새로운 커피 문화가 등장했다.

지난 수년간 돌풍을 일으키며 국내에 거대한 시장을 창출한 원두커피산업은 최근 '바리스타'라는 새로운 직업을 탄생시켰다. 바리스타는 외식 분야의 새 직종으로 각광받고 있어 향후 이에 대한 수요는 더욱 늘어날 것으로 보인다. 현재까지 바리스타를 배출하는 대학의 학과가 20여 개 이상 신설되고, 많은 대학 평생교육원과 사설 아카데미가 단기 바리스타 교육 과정을 운영 중이다.

이와 같이 바리스타 양성 교육기관은 양적으로 늘어나고 있으나, 교재로 활용할 수 있는 커피 전문서적의 선택의 폭이 매우 좁다. 주로 외국 도서의 번역판이거나, 커피교육이 고려되지 않은 이론서 또는 전문성이 부족한 실습서 등이 주류를 이룬다. 바리스타의 꿈을 키우는 이들에게 이론 지식과 실전을 균형감 있게 전달할 수 있는 커피학 교재가 절실한 실정이다.

이에 대학과 커피산업 현장, 아카데미 등에서 바리스타 양성을 위해 다년간 이론과 실전을 지도한 커피 전문가들이 모여 이 책을 출간하게 되었다. 저자들의 전문 분야에 따라 각 장을 집필하고, 총 8장으로 교재를 구성하였다. 커피나무에서부터 커피 빈, 그리고 커피음료가 나오기까지를 망라하고 있다.

제1장은 커피의 발견, 전파 과정의 역사와 세계의 커피 문화를 다룬다. 또한 우리나라에 처음 커피가 들어온 경로와 커피의 대중화를 거쳐, 최근 원두커피가 기호 음료로 발전하기까지의 우리나라 커피문화 발전을 소개한다.

제2장과 3장은 커피나무의 품종, 재배, 수확 후 가공 과정에 대한 내용을 다룬다. 이와 같은 과정을 거쳐 생산된 생두의 분류 방법과 기준을 설명하고, 세계의 유명 커피 생산지를 권역별로 나누어 상세히 알린다.

제4장은 생두에 숨겨진 맛과 향이 발현되는 작업에 해당되는 로스팅에 대한 내용으로 기초 이론과 실전으로 구성된다. 로스팅의 중요성, 로스팅 방식에 따른 장·단점, 열에 의한 생두의 변화 과정 등을 설명, 쉽게 로스팅 실전에 입문하도록 한다.

제5장은 다양한 핸드드립 기구와 기타 유사 기구를 이용하여 원두커피를 추출하는 방법과 과정을 설명한다. 핸드드립 기구의 종류에 따라 추출 방법 과정을 단계별 사진과 설명으로 제시하고, 초보자라도 쉽게 따라 할 수 있도록 되어 있다.

제6장은 바리스타가 반드시 마스터해야 할 에스프레소 추출에 대한 내용이다. 에스프레소의 이화학적·관능적 특성, 에스프레소 기계와 그라인더 다루기, 에스프레소 추출의 실전, 에스프레소를 이용한 메뉴 등을 소개한다.

제7장은 커피의 향과 맛, 질과 특성을 평가하는 커핑에 대한 내용이다. 커핑을 이해할 수 있도록 커핑 준비 과정과 순서를 제시하고, 커핑 연습을 할 수 있도록 커핑 평가지가 제시되어 있다. 커핑 시 느끼는 각종 맛과 향에 대한 용어 해설도 나와 있다.

제8장은 커피 한 잔에 담긴 건강과 영양에 대한 내용이다. 생두와 원두의 나당·비당 성분과 건강에 영향을 줄 수 있는 생리활성물질을 소개하고, 이들 성분들이 어떠한 효능과 기능으로 우리들 건강에 영향을 미치는지를 설명한다.

이 교재의 첫 장을 좇아 학습하면서 마지막 장에 이를 즈음에는 커피에 대한 이론과 실전을 균형 있게 갖춘 바리스타가 탄생하리라 본다.

마지막으로 교재 출판에 애써주신 (주)교문사의 류제동 대표, 양계성 상무, 그리고 편집부 직원들께 감사를 드린다. 아울러 외국의 유명 카페 사진들을 제공하신 조혜정(미국 미네소타주립대학) 박사, 바리스타 작업사진을 위해 장소 제공과 사진 촬영을 흔쾌히 해주신 박한주(구미시, 구스토커피) 대표와 김창영 바리스타에게도 고마움을 전한다.

바리스타의 꿈을 향해 달리는 이들에게 이 책이 영원한 친구가 될 수 있길 바란다.

2011년 3월

저자 일동

차례 contents

Chapter 2 커피나무, 체리 그리고 생두

Chapter 3 커피의 분류와 세계 생산지

Chapter 4 커피콩 볶기, 로스팅

Chapter 5 핸드드립과 그 외 다양한 커피 추출

Chapter 6 최고의 에스프레소 추출

Chapter 7 커피의 향미평가, 커핑

Chapter 8 커피 한 잔의 건강과 영양

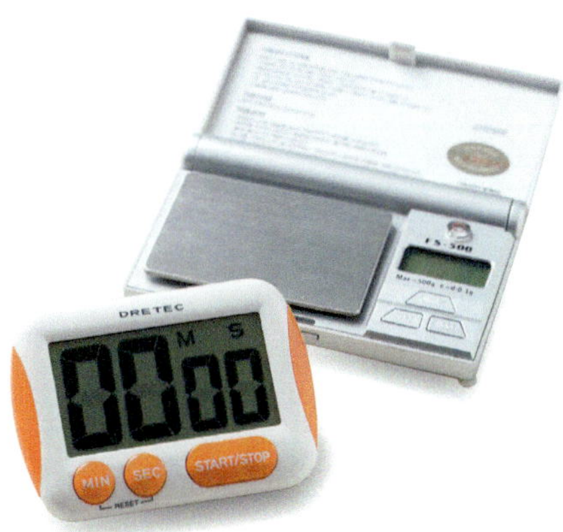
DRETEC
MIN
SEC
START/STOP

ANTICO
Caffè Greco
D. 1760
86

Chapter | 01

커피의 발견, 전파 그리고 우리나라의 커피

1. 커피의 역사
2. 세계의 커피문화
3. 우리나라 커피문화의 발전

Chapter | 01

커피의 발견, 전파 그리고 우리나라의 커피

현대사회에서 커피는 물과 차 다음으로 가장 대중적인 음료이며, 커피 콩은 세계에서 무역으로 거래되는 원자재 중 두 번째로 높은 비중을 차지하는 상품이다. 또한 커피는 인류 역사상 정치적 · 사회적 · 경제적으로 상당히 중요한 역할을 한 음료이다.

커피의 발견은 아프리카의 아비시니아(Abyssinia) 지역(지금의 에티오피아(Ethiopia))에서 시작되었다고 보는 것이 정설이다. 이 지방에서 야생으로 자라난 '커피'라는 식물이 발견되었고 그 후에 재배가 시작되었다고 설명하고 있다.

역사적으로 근거가 있는 가장 오래된 커피 음용의 증거는 15세기 중반 아라비아 남단의 예멘에 거주했던 이슬람교도의 한 종파인 수피 교도들에게서 나타난다. 즉, 이슬람 신도에서 시작된 커피 소비는 아프리카 대륙과 중동 지방을 거쳐 이탈리아로 전파되며, 대부분의 유럽 대륙과 인도네시아, 아메리카, 아시아로 전해졌다.

1. 커피의 역사

1) 커피의 발견

커피의 발견은 여러 가지 가설이 전해지고 있는데, 그 중 목동 칼디의 전설, 마호메트와 가브리엘, 오마르와 공주의 이야기는 정확한 역사적 근거는 없지만 널리 알려져 커피의 발견을 설명하고 있다. 기록이 남아 있는 커피의 기원과 관련된 것으로는 이슬람교의 한 계파인 수피교 율법사 셰이크 게말레딘의 이야기로 커피의 각성효과를 나타내고 있다. 와인이 기독교와 기독교 문화를 규정짓는 음료라면 커피는 이슬람교를 설명하고 특징짓는 음료라 할 수 있다. 이슬람교는 종교적 수행을 위하여 와인을 금하고 있었으므로 와인을 대체할 수 있고 정신적 각성의 효과까지 있는 커피가 처음에 종교적 수행의 목적에 의해 음료로서 애용되다가 전체 이슬람 사회를 통해 널리 퍼져나가게 되었다.

칼디 이야기 Kaldi Story

아비시니아(Abyssinia) 지역의 염소지기 목동 칼디는 자신의 염소들이 근처 숲에서 체리처럼 생긴 빨간 열매를 따 먹은 후 흥분해서 뛰어다니는 모습을 보고 본인이 그 열매를 먹어보았다. 신기하게도 피로감이 사라지고 새로운 힘이 솟는 것을 느껴 매일 그 열매를 따서 먹게 되었고 그의 새로운 습관은 근처 수도원 수도사의 눈에 띄게 된다. 직접 열매를 먹어본 수도사도 그 효과를 알게 되었고, 기도와 수행을 장시간해야 하는 수도사들에게 열매를 물에 끓여 마시게 하는 결과를 가져왔고 그 후 이 열매로 만든 음료에 대한 이야기는 근방에 있는 모든 수도원으로 빠르게 전파되었다.

그림 1-1 | 칼디와 춤추는 염소

출처 : The Project Gutenberg E Book of All About Coffee, by William H. Ukers

그림 1-2 | 오마르와 커피나무

출처 : The Legendary Discovery Of The Coffee Drink From drawings by a modern French artist

오마르와 공주의 전설 Omar and Princess

약 1258년경 샤델리(Schadheli)의 제자인 셰이크(이슬람교 교주) 오마르는 스승의 인도로 모카에 정착하였으나 그 당시의 모카는 전염병이 창궐하였다. 모카의 공주도 병에 걸려 오마르의 치료를 받다 오마르와 사랑에 빠졌다고 한다. 왕의 노여움을 산 오마르는 아라비아의 사막으로 추방되어 굶주림에 죽어가던 중 오자브(Ousab) 산에서 커피나무를 발견하고 커피로 연명하였다. 기적처럼 모카로 살아 돌아온 오마르는 커피의 효능을 널리 알리게 되었다.

마호메트와 천사 가브리엘의 전설 Mohammed and Angel Gabriel

이슬람 신앙과 연결된 또 다른 전설로 마호메트의 꿈에 가브리엘이 나타나 커피를 직접 보여 주고 커피 음용법을 알려 주었다는 이야기도 전해 내려온다. 어느 날 천사 가브리엘이 병에 걸린 선지자 마호메트의 꿈에 나타나 커피 열매를 보여 주며 병을 치료하고 신도들의 기도생활을 북돋우는 데 효험이 있을 거라는 예언을 주었다고 한다. 이슬람교가 처음 아라비아 반도에서 퍼져나간 시기와 커피가 같은 지역에 알려지기 시작한 것이 비슷한 시기로 추정된다는 것을 생각하면 커피가 이슬람교에서 중요한 역할을 수행하였다는 것을 알 수 있다.

셰이크 게말레딘의 이야기 Sheik Gemaleddin

1454년 다반(Dhabhan) 출신의 이슬람교 율법학자인 셰이크 게말레딘이 에티오피아 여행 중 커피의 효능을 알게 되었고 아덴(aden, 현재의 예멘)으로 돌아온 후 건강이 악화되어 커피를 구해 마신 후 병이 치료되었을 뿐 아니라 밤잠을 쫓는 효과도 있음을 알게 되었다. 그 후 수도사들에게 커피를 권하여 야간 수행에 집중할 수 있도록 하였다는 기록이 있다.

이러한 전설들에서 나타나는 중요한 핵심은 아랍인(이슬람 교도)들이 커피의 약리 효과를 인지하고 있었다는 것이다. 그래서 커피는 '이슬람의 와인'이라고 불렸으며 로마 문화로 대표되는 기독교의 와인(포도주)을 금하였던 이슬람교에서 커피의 음료로서의 음용과 영향이 더욱 확대되었다고 볼 수 있다.

2) 커피의 어원

커피의 어원은 에티오피아 남서부의 커피 생산지대인 카파(Kaffa), 본래 와인을 가리키는 말이지만 커피를 지칭하게 된 아라비아어의 '카와(qahwah)', 또한 힘이라는 뜻의 '카후아(cahuha)'라는 어원에서 시작되었다고 말한다. '커피 콩을 볶아서 끓인 커피를 마시는 풍습'이 시작된 곳은 아라비아 남단의 알마카(Al-Makha), 즉 지금의 모카(Mocha)라고 한다. 알마카의 셰이크(이슬람교의 수장) '알리 샤들리 이븐'이 마시는 음료로 만들기 위해 커피 콩에 달라붙은 과육을 제거하기 위해 볶은 후 물을 붓고 끓여 마셨다고 하며(1260년경), 지금도 예멘인들은 이렇게 만든 커피를 키쉬르(kisher)라 부르며 마신다고 한다.

Coffee Break

카와, 아라비아의 와인?

과거 아랍세계에서는 카와라고 지칭하던 포도주와 비슷한 음료를 마시는 풍습이 있었는데, 모하메트가 나타난 후 이 음료의 부작용(식욕 저하)으로 인하여 음료의 사용을 금지하게 되었다. 그 후 아랍인들은 포도주를 대신할 커피 열매와 잎을 사용하여 음료를 만들게 되었고 그것을 여전히 동일한 명칭으로 불렀다고 한다.

커피는 1475년 메카(Mecca)에, 1510년 카이로(Cairo)에 알려졌다. 오스만트루크 제국 술탄왕조의 셀림 1세는 이집트를 정복하여 같은 해에 커피가 콘스탄티노플(이스탄불)에 전해졌다. 예멘이 터키의 지배하에 들어온 것은 1536년이지만 터키어로 카베(kahveh)라고 불려진 커피는 16세기 말에는 터키 지배하의 발칸 제국에도 넓혀져 헝가리에서는 'kave'라 불렀다. 이탈리아에서는 caffe, 프랑스에서는 café, 독일은 kaffee, 네덜란드에서는 koffie, 덴마크는 kaffe, 영국에 알려져 coffee로 정착되었다.

3) 커피의 전파

에티오피아에서 예멘, 모카로의 커피 재배의 시작

커피의 음용이나 커피나무에 관련된 사실에 대한 가장 최초의 믿을 만한 증거는 15

세기 중반의 예멘의 모카 지방의 수피교도들 사이에서 나타난다. 처음 커피는 일상적인 음료로서보다 주로 의약품으로 인정받고 널리 퍼지게 된 것도 약물로서의 효과 때문이었다. 커피가 처음 경작되기 시작한 것이 575년경 예멘으로 거슬러 올라간다는 근거가 남아 있긴 하지만 커피 씨앗, 즉 커피 콩(coffee bean)에 대한 기록은 10세기경이 되어서야 언급된다. 아라비아의 의사 라제스(Rhazes, 850~922)는 커피를 분춤(bunchum)이라 하여 약리효과를 기록하였고, 철학자이며 의사인 아비센나(Avicenna, 980~1037)는 분춤이란 음료를 언급하며 '사지를 튼튼하게 하고 피부를 맑게 하며 피부의 습기를 없애주고 온 몸에서 좋은 향기가 나게 한다' 라고 기록하였다.

지리적 · 종교적 영향을 받아 커피의 효능이 홍해를 건너 아라비아 반도로 전파되었을 것이라는 것은 쉽게 상상할 수 있다. 이슬람 순례자들과 아랍 무역상들에 의해 아라비아 반도에 상륙한 커피는 초기에는 수피교도(이슬람 신비주의)들 사이에서 밤기도 시간에 졸음 방지의 목적으로 마시기 시작했다고 한다.

시기는 정확하지 않지만 아덴에서 커피를 마시기 시작한 비슷한 시기에 예멘에서 커피가 경작된 것으로 알려져 있다. 예멘의 북서부 산악지역에서 커피나무가 재배되며 커피 음용이 확산되어 갔고, 16세기 중반에 이르러 오스만투르크가 남부 아라비아

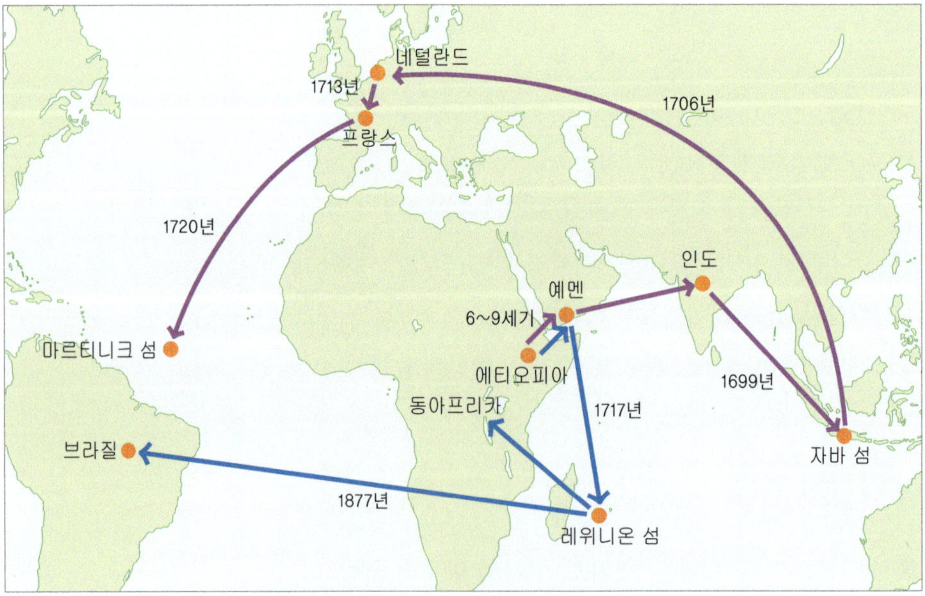

그림 1-3 | 버번 품종(→)과 타이피카 품종(→)의 전파 경로

까지 지배하게 되면서부터는 성도 메카와 메디나까지 퍼져나갔다. 그리하여 이슬람교 성직자들은 매주 월요일과 금요일 저녁 예배 때가 되면 커피를 마시는 습관이 들었고 곧 일반 신도들 사이에까지 전파되었다. 예멘인들의 '키쉬르' 를 아라비아인들은 '카와(qahwah)'라고 부르며 그들의 생활 문화로 끌어들이기 시작한 것이다. 그 후 페르시아를 거쳐 이집트로 전파되었다.

커피 콩의 원산지는 에티오피아로 알려져 있지만 커피를 음료로 개발해 마시기 시작한 것은 1400년 무렵 예멘의 모카에서였다. 1500년경이 되어 아라비아 반도 어디에서나 커피를 마실 수 있게 되었고 이슬람 신도들은 커피를 종교의식에 사용하였으며 메카 순례를 왔던 순례자들이 커피를 가져가게 되어 인도, 인도네시아 등지로 퍼지게 되었다. 따라서 커피나무의 재배가 아라비아 전 지역에 확대되었으며 예멘의 모카 항을 통해서 그 당시 최강국인 오스만트루크 제국(지금의 터키)으로 수출되기 시작한다. 예멘은 커피의 상품가치를 인식하고 수출을 독점하기 위하여 커피나무 또는 커피 종자의 반출을 금하였다. 즉, 볶은 원두나 뜨거운 물에 담가 발아할 수 없는 상태로만 수출이 가능하였다.

커피나무 전도사 바바 부단과 가브리엘 드 클리외

커피 재배의 세계적인 확산은 역사적으로 일어날 수밖에 없는 현상이었고 다음의 두 역사적 인물, 바바 부단(Baba Budan)과 캡틴 가브리엘 드 클리외(Captain Gabriel de Clieu)를 빼놓고 설명하기 어렵다.

1600년경 인도 남부 출신의 바바 부단이라는 이슬람 승려가 메카에 성지 순례를 왔다가 커피 콩을 가져가 인도의 마이소어(Mysore)의 산간지역에서 재배하게 되었다. 그 후 1616년 네덜란드인 피터 반 덴 브뢰크(Pieter Van dan Broeck)가 모카(Mocha)에서 네덜란드로 처음 커피를 들여왔으며, 1658년에 네덜란드의 식민지였던 실론(Ceylon)에 커피 재배를 시작하였다.

또 한 가지의 다른 전파 경로는 암스테르담 시장 겸 동인도회사의 감독관이었던 니콜라스 위트슨(Nicolaas Witsen)의 권유에 의해 인도 말라바의 제독이었던 아드리안 반 오멘(Adrian Van Ommen)이 1696년 자바(Java)에 처음으로 아라비아 커피나무를 보낸 것이다. 그러나 이 묘목은 불행히도 싹을 틔우지 못하였고 1699년 두 번째 선적

그림 1-4 | 클리외와 커피나무
출처 : The Project Gutenberg E Book of All About Coffee, by William H. Ukers

된 커피나무가 세계적으로 유명한 자바 커피의 시작이 될 수 있었다. 이후 이곳에서 수확한 커피의 수출로 한동안 커피 재배의 주류를 이루게 된다. 또한 수마트라, 셀레브스, 티모르, 발리 등 그 당시 네덜란드의 다른 식민지에도 커피 재배가 소개되었다.

프랑스도 커피 재배를 위해 많은 노력을 기울였으나 계속 실패를 거듭하다 마침내 1714년 네덜란드 암스테르담 시장과 당시의 프랑스 왕인 루이 14세와의 조약에 의해 커피나무 한 그루가 전해지고 파리의 식물원에서 자라게 된다. 이 나무가 바로 대부분의 남아메리카, 중앙아메리카, 멕시코 등 프랑스 식민지령의 커피 재배의 원조가 되었다. 클리외는 해군으로 프랑스령 식민지인 마르티니크(카리브해 서인도제도의 섬)에 복무 중 파리에서 커피나무를 빼내오게 된다. 1723년 프랑스의 낭트를 출발하여 마르티니크로 항해를 하여 물의 부족에도 불구하고 자신의 식수를 커피나무에 나누어 주는 등 여러 가지 어려움을 극복하고 마르티니크에 도착하여 커피를 재배하게 된다. 1777년 1,900만 여 그루의 커피나무가 마르티니크 섬에서 자랄 정도가 되어 후일 프랑스를 커피 수출국의 주류로 올려놓았다.

남아메리카, 중앙아메리카로의 전파

네덜란드, 프랑스, 영국, 포르투갈 등 유럽 강대국의 아메리카 대륙에서의 식민지 영토 확장은 커피 재배의 확산을 불러온다. 네덜란드는 1718년 수리남에 커피를 재배하기 시작하였고, 1723년 프랑스령 가나에서 들여온 커피를 브라질, 파라(Pará) 지역에서 재배를 시도하였다는 기록이 있으며, 1730년 영국은 자메이카에 커피 재배를 시작하였다. 1750~1760년 과테말라에 커피나무가 전파되었고, 1752년 포르투갈의 식민지가 되어버린 브라질 파라에서 왕성한 커피 재배가 시작되었으며, 1790년에 멕시코에서 커피 재배가 시작되었다.

2. 세계의 커피 문화

1) 아랍 세계에서 유럽으로의 전파

독일 아우구스부르크의 의사이며 식물학자였던 레온하르트 라우볼프(Leonhard Rauwolf, 1535~1596)가 중동지방을 여행한 후 남긴 여행기(1582~1583)를 보면 그 당시 중동사람들이 커피를 일상생활에서 애용하고 있었음을 짐작할 수 있다. 그가 알레포(터키의 한 지방)에서 억류생활을 하며 이슬람들의 생활상을 관찰하고 나서 쓴 이 책에서 커피 음료에 대한 얘기를 길게 묘사하고 있다. '차우베(chaube)라고 하는 잉크같이 검은색의 음료를 뜨겁게 마시는데, 배가 아플 때 마시면 좋다. 또한 공공장소에서 다른 사람들과 어울려 자유롭게 즐긴다. 이 음료를 만들기 위해 그들은 분누(bunnu)라는 나무의 열매를 이용한다' 라고 기록하였다.

초기 무슬림 교도들에 의해 아덴(Aden)을 거쳐 메카(Mecca)와 메디나(Medina)로 전파된 커피는 종교적인 용도로 음용되었다. 그 후 커피의 매력에 빠진 사람들이 종교적인 회합을 떠나 일상생활에서 커피를 즐기기 시작했으며 그때 나타난 아랍 최초의 커피하우스는 카베 카네(Kaveh Kanes)로 그 안에서 노래, 춤, 게임, 시사적 토론 등 여러 사회적 활동들이 이루어지게 된다.

그러나 그 당시의 정치지도자들은 사람들이 모여서 서로 토론하고 정치적 의견을 교환하는 것을 꺼렸으며 커피하우스를 그러한 역할로 받아들였다. 따라서 커피 소비를 금지하고 판매를 금하며 커피하우스의 문을 닫게 하였다.

커피금지령

1511년 메카의 엄격한 통치자였던 카이르 베이(Kair Bey)는 사람들의 커피 소비를 최초로 금지시켰다. 기록에 의하면 그는 대중의 커피 소비를 와인의 소비라고 생각하여 커피의 소비를 금하려고 하였으나 대중의 반발로 곧 포기하였다.

터키를 거쳐 로마에 들어온 커피를 당시의 가톨릭 교도들은 못마땅하게 생각하였으며 당시 교황이었던 클레멘스 8세에게 금지령을 내려줄 것을 촉구하였다. 그러나 커피

그림 1-5 | 17세기 터키 커피하우스
출처 : The Project Gutenberg E Book of All About Coffee, by William H. Ukers

의 맛을 본 교황은 오히려 커피를 축성하고 가톨릭 교도의 음료라고 공인하였다. 그리하여 유럽에서 커피는 더욱 빠르게 퍼져 나갔다.

커피하우스의 문화

커피는 이집트의 카이로를 통해서 콘스탄티노플에 알려지게 되었고 곧이어 이탈리아의 베니스, 로마에도 전파되었다. 베니스에는 1615년에 전해져 'caffe' 라 불렸고, 1645년에는 베니스의 산마르코 광장에 커피점이 오픈되었다. 1616년에는 네덜란드에, 1641년에는 영국에, 1644년에는 마르세이유에, 1657년에는 파리로 전해져 'caffe' 라 불렸다. 1650년에 옥스퍼드에서, 1652년에는 런던에서, 1659년에 파리에서 각각 커피하우스가 오픈되었다. 1670년에 독일에, 1674년에는 스웨덴에 전해졌고 1675년에는 함부르크에 커피하우스가 오픈되었다. 1683년 오스만트루크에 의한 제2차 빈 포위가 실패했을 때, 유출되었던 커피 생콩을 사용하여 같은 해 빈에서 커피하우스가 오픈되었다. 북미에는 이민에 의해 1668년에 전해져 1696년에는 뉴욕에서 커피하우스가 오픈되었다.

2) 유럽과 미국으로의 커피의 이동

이탈리아

로마보다 베니스에 먼저 커피가 도입된 이유는 바다에 인접한 베니스의 지리적 여건으로 인하여 레반트(그리스와 이집트 사이의 지중해 연안) 지역의 무역상이 베니스의 상인과 활발한 무역거래를 하였기 때문이라고 추측된다. 1720년 베니스의 플로리오노 프란세스코니(Floriono Francesconi)에 카페 플로리안(Caffé Florian)이 열리게 되었으며 현재까지도 산마르코 광장에 역사적으로 현존하는 유명한 카페이다. 이탈리아에서 커피하우스는 곧 로마, 피렌체, 밀라노 등 다른 도시로 퍼져나가기 시작하였다.

그림 1-6 | 베니스의 카페 플로리안

프랑스

파리보다 항구도시였던 마르세이유에 먼저 도입되었던 커피는 터키 대사인 솔리만 아가(Soliman Agar)가 파리로 부임하며 커피를 들여와 파리 사교계에 커피의 유행을 가져왔고 그 후 프로코피오 콜텔리(Procopio de Colteli 혹은 Cultelli)에 의해 공식적인 파리 최초의 커피하우스인 카페 프로코프(Cafe de Procope)가 코미디 프랑세즈 극장 근처에 만들어져 작가, 배우, 음악가들이 모이는 장소가 되었다.

그림 1-7 | 파리의 카페 드 플뢰르

오스트리아

오스트리아에서의 커피 문화는 오스만트루크족이 퇴각하면서 놓고 간 커피로부터 시작되었다. 콜쉬츠키는 전쟁 중에 투르크족으로 위장하고 전령으로 활동하다가 전쟁 후에 버려진 커피 자루들을 발견하여 1683년 비엔나에 최초의 커피하우스를 열었다. 그는 터키식 커피가 아닌 여과식 커피를 도입했다고 알려졌으며 커피에 꿀과 우유를 첨가하여 아랍식 커피에서 유럽 사람들의 구미에 맞는 커피를 개발하였다고 한다.

그림 1-8 | 콜쉬츠키의 초상화

출처 : The Project Gutenberg E Book of All About Coffee, by William H. Ukers

그림 1-9 | 17세기 런던의 커피하우스

영 국

영국의 커피하우스는 다양한 분야와 계층의 사람들이 모여 의견을 교환하고 토론하는 문화의 중심지 역할을 하였다. 17세기 영국의 커피하우스는 페니 유니버시티(Penny University)라고도 불렀으며 이는 적은 돈(Penny)으로 많은 지식을 얻을 수 있었기 때문이었다.

런던 최초의 커피하우스는 1652년 파스콰 로제(Pasqua Rosée)가 콘힐(Cornhill)의 성 마이클 거리(St. Michaels Alley)에 열었다고 한다. 런던의 무역상이었던 다니엘 에드워드는 터키에서 커피를 접하고 즐겨 마시게 되어 커피 시중을 들던 파스콰 로제(아르메니아인 또는 그리스인이라는 기록이 있음)를 런던으로 데리고 와 커피를 소개하였으며 점차 많은 사람들이 찾게 되자 커피하우스를 열게 되었다고 한다.

특히, 런던의 로이드 커피하우스는 나중에 세계 유수의 로이드 보험회사가 되었는데, 당시 선원들과 무역상들이 모여 들어 배의 선적 리스트, 항해 일정, 보험 상담 등을 서로 알려 주면서 커피하우스가 발전하였다고 한다. 이 시대에 만들어진 또 하나의 관습은 팁(tip : to insure promptness)이다. 팁은 커피하우스나 주점에서 신속한 서비스를 제공받기 위하여 손님들이 동전을 주던 습관에서 비롯되었다.

독 일

독일도 다른 유럽의 나라와 마찬가지로 항구도시인 함부르크에 커피가 도입되고 영국인들에 의해 커피하우스가 생겼다. 그 후 베를린 등 남부와 북부 독일에 커피가 퍼져나갔다. 그러나 고가인 커피 가격으로 인하여 서민들이 마음대로 커피를 즐길 수 없어 불평이 나타나게 되고 당시 국왕이었던 프리드리히 대왕은 맥주 소비를 권장하고 커피 소비를 제한할 것을 권하는 성명서를 발표하였다. 바흐의 '커피칸타타' 도 커피 소비를 제한하는 요지의 내용을 담고 있다.

Coffee Break

- 바흐의 '커피칸타타'는 시인 피칸더(Picander)의 파리 우화(parisian fables)에서 영감을 얻어 작곡한 곡으로 아버지가 커피애호가인 딸에게 커피를 끊을 것을 종용하고 있으나 딸은 오히려 커피의 자유로운 소비를 주장했다는 내용이다.

미 국

미국에서는 1676년 보스턴에 최초의 커피하우스가 나타났다. 커피, 차와 맥주가 같이

그림 1-10 I 미국 시애틀의 최초 스타벅스

그림 1-11 | 미국 스타벅스 1호점 내부 전경

팔리는 커피하우스 겸 주점(taverns)의 역할을 하였다. 차에 무거운 세금을 물리게 한 영국 정부에 대한 반발로 일어난 유명한 역사적 사건인 보스턴 티파티(Boston Tea Party) 사건으로 차의 음용은 위축되었으며 커피는 더욱 빠른 속도로 미국에 확산되었다.

모던 에스프레소 기계는 1945년 밀라노의 아킬레 가지아(Achille Gaggia)에 의해 개발되었다. 1950년대 초반에 이탈리아와 대부분의 유럽, 북아메리카 대륙으로 전파되었다. 캘리포니아 버클리에 알프레드 피트(Alfred Peet)에 의해 The First Peet's Coffee & Tea 가게가 1966년에 시작되었고 그는 최초로 양질의 원두를 로스팅하여 커피를 만드는 데 관심을 기울인 사람이다. 그 후 그는 스타벅스(Starbucks)의 창시자에게 원두를 공급하고 제조법을 알려주었다. 1971년 미국 시애틀에서 제리 볼드윈(Jerry Baldwin), 고든 보커(Gordon Bowker), 지브 시글(Zev Siegl)에 의해 다국적 커피하우스인 스타벅스가 시작되었다. 하워드 슐츠(Howard Schultz)가 1982년 합류하면서 40개국 이상의 1만 6,600점포로 확장되어 현재의 다국적 거대기업으로 발전하였다. 스타벅스는 단순히 커피만을 판매하는 것이 아니라 커피와 동시에 문화를 판매한다고 내세우며 안락하고 쾌적한 인테리어와 브랜드 이미지를 갖춘 커피전문점의 도입에 앞장섰다.

3. 우리나라 커피 문화의 발전

'커피'는 영문식 표기 coffee를 차용한 외래어이다. 커피가 한국에 처음 알려질 당시에는 영문표기를 가차(假借)하여 가배(珈琲)라고 하거나, 빛깔과 맛이 탕약과 같이 검고 쓰다고 하여 서양에서 들어온 탕이라는 뜻으로 양탕(洋湯)국 등으로 불렀다. 한국전쟁이 발발하고 미군이 진주하면서 1회용 인스턴트 커피가 등장했고, 이것이 유출되면서 우리나라에서도 커피가 일반화되었다. 그 후 2000년대 이후까지도 커피 소비시장의 90%를 인스턴트커피가 차지하였지만 다국적 커피기업인 스타벅스의 진출로 2010년 현재 국내 에스프레소 커피시장의 규모가 약 6,000억 원을 넘어섰다. 커피를 찾는 소비자들도 에스프레소 등 프리미엄 커피를 선호하게 되었으며 대기업의 원두커피 프랜차이즈 사업으로의 진출과 더불어 커피시장이 매우 빠르게 성장하였다.

1) 커피의 도입

우리나라에 처음 커피가 들어온 시기는 1890년 전후로 알려져 있다. 1888년 인천에 우리나라 최초의 호텔인 대불호텔과 슈트워트호텔이 생겼고 그 안에 다방이 들어선 것이 최초의 커피를 파는 곳으로 추정된다. 그러나 커피의 전파 경로는 의견이 다양하다.

1895년 발간된 유길준의 《서유견문》은 커피가 1890년경 중국을 통하여 도입되었다고 기록하였다. 또한 1892년 구미제국들과 수호조약이 체결되면서 외국사신들이 궁중에 드나들며 궁중과 친밀했던 알렌이나 왕비 전속 여의였던 호튼 등이 궁중에 전했을 가능성도 거론된다.

최초의 공식문헌상의 기록으로는 1895년 을미사변으로 고종황제가 러시아 공사관에 피신해 있을 때 러시아 공사 웨베르가 커피를 권했다고 전해져 온다. 러시아 공사관에서 커피를 즐기게 된 고종황제는 환궁 후에도 덕수궁에 정관헌이라는 로마네스크식 회랑건축물을 지어 그곳에서 커피를 마시곤 했다고 전해진다.

그 무렵 러시아 공사 웨베르의 추천으로 고종의 커피 시중을 들던 독일계 러시아 여인 손탁(Antoinette Sonntag)은 옛 이화여고 본관이 들어서 있던 서울 중구 정동 29번지의 왕실 소유 땅 184평을 하사받아 이곳에 2층 양옥을 짓고 손탁호텔이라 명칭하였

Coffee Break

정관헌

1900년 대한제국 시절 고종이 다과를 들거나 연회를 열고 음악을 감상하는 등의 목적으로 사용하기 위해 덕수궁 안에 지은 회랑 건축물이다. 궁 내의 근대 건축물 중 가장 오래되었다. 정면 7칸, 측면 5칸의 로마네스크 양식으로 지었으며, 정면과 좌・우측 발코니가 화려하게 꾸며져 있고, 회색과 붉은색 벽돌로 벽면이 다양하게 장식되어 있는 등 화려하고 이색적인 건축물이다. 다양한 건축재를 사용하였고 서양풍의 건축양식에 전통 목조 건축 요소가 가미된 독특한 모습이다. '정관헌'이란 솔밭과 어우러진 함녕전 등의 고 건축물을 고요하게(靜) 내다보는(觀)곳이란 뜻이다. 서울특별시 중구 정동 5-1번지에 위치해 있다.

사진출처 : http://mold1955.blog.me150046486683

다. 이 손탁호텔에 커피하우스(다방)가 있었는데, 이것이 한국 최초의 커피하우스라 할 수 있다. 고종이 커피를 즐겨마시게 되자 커피는 단지 왕실에서의 기호품으로만 그치지 않았고, 중앙의 관료, 서울의 양반, 지방의 양반으로 점차 확대되어 일반화되기 시작했다.

러시아를 통해서 커피가 들어온 것과 함께 일본을 통해 들어온 경로도 중요한 전파 경로이다. 을사조약 이후 이 땅에 몰려오기 시작한 일본인들은 그들의 양식 찻집인 깃사텐(끽다점 : 喫茶店-찻집을 뜻하는 일본어)을 서울 명동에 차려놓고 커피를 팔기 시작했다.

2) 커피의 발전

일제 강점기에는 일본인들이 명동, 종로 등에 근대적 의미의 다방을 문을 열기 시작하였고 초기에는 주로 일본인이 주 고객이었으나 점차 그 시대의 지식인들과 문학가, 작가, 예술가들이 폭넓게 드나들었다고 한다. 1940년대 이후 제2차 세계대전의 종전 무렵엔 커피 수입이 어려워지면서 대부분의 다방이 문을 닫았다. 이미 커피 애호가가 되어버린 사람들은 고구마나 백합 뿌리, 대두 등을 볶아 사카린을 첨가하여 만든 음료를 마시며 커피의 금단 현상을 달래곤 했다고 한다. 1945년 해방과 함께 미군의 주둔이 시작되며 군용식량에 포함되어 있던 인스턴트커피는 우리나라 커피 문화 발전의 촉매제가 되었다.

3) 커피의 대중화

인스턴트커피의 대중화를 가져오게 된 또 하나의 계기는 다방(茶房)의 급격한 증가였다. 과거 일제시대의 지식인 계층이 주로 출입하며 정치와 사회를 논하던 장소에서 일반 시민, 대학생 등의 주요 약속장소가 되었고 제공되는 커피는 대부분 미군부대에서 제공되고 있었다. 그 후 커피의 합법적인 유통질서를 확립하고 외화 낭비를 막기 위하여 우리나라에서 자체적인 인스턴트커피의 생산을 허가하게 된다.

1970년대 초 동서식품은 미국회사와 손을 잡고 맥스웰하우스라는 브랜드를 만들고

그림 1–12 | 다양한 커피 제품

그림 1-13 | 인사동 스타벅스
출처 : http://cafe.naver.comtalkncity143

커피를 생산하였으며 1970년대 후반까지 한국 커피시장의 대부분을 점유하며 호황을 누린다. 그 후 커피믹스의 개발(1976년), 자판기의 등장(1978) 등은 한국사회에서 커피의 폭발적인 대중화를 이끌었다. 커피를 마시는 대중의 취향이 1980년대부터는 점차 고급화를 추구하게 되었으며 1980년 동서식품은 고급 인스턴트커피인 맥심을 개발하였고 카페인을 제거한 디카페인 인스턴트커피인 상카를 제조, 판매하기 시작했다.

1980년대 후반부터 원두커피 전문점이 등장하였는데, 압구정동의 '쟈뎅(Jardin)'이 시초였다. 그 후 '도토루', '미스터커피' 등 카페 형태의 커피전문점이 다방을 대체하기 시작하였다. 또한 인스턴트커피시장에도 두산그룹과 합작한 네슬레의 등장으로 맥심과 초이스커피로 크게 양분되었으며, 특정의 커피애호가들은 인스턴트커피에서 원두커피로 선호도가 옮겨가게 되면서 원두의 품질이 중요한 커피 소비의 기준이 되고, 스타벅스의 출현을 계기로 커피전문점의 시대가 열리게 되었다.

1999년 (주)스타벅스가 국내에 진출하여 이화여대 앞에 1호점을 연 것을 기점으로 국내 에스프레소 커피전문점의 시장 규모는 약 6,000억 원대로 확대되었으며 현재 각종 프랜차이즈 가맹점에 키오스크 복합점까지 약 5,000곳 이상이 성업 중이다. 스타벅스, 커피빈(Coffee Bean and Tea Leaf)과 같은 외국계와 파스쿠치(Pascucci), 엔젤리너스(Angelinus), 홀리스(Holly's), 카페베네(Caffébene) 등의 국내 업체들이 치열한 경쟁을 벌이고 있다.

4) 커피의 현대화

2010년 이후의 국내 커피시장 규모는 이미 2조 원을 넘어선 것으로 추정되며 이 가운데 커피믹스는 1조 1,000억 원, 커피전문점은 6,000억 원 규모이고 나머지는 원두커피 완제품(2,000억 원)과 기계 및 원부자재 시장인 것으로 파악된다.

최근 국내 커피시장의 급격한 성장과 함께 소비자들의 원두커피에 대한 안목도 매우 높아져 고급 원두커피를 찾는 수요가 확대되고 있다. 이에 발맞추어 국내 커피업체의 고급화, 프리미엄화뿐 아니라 스위스, 이탈리아 등 해외 유명커피 브랜드도 국내 커피시장에 진출하고 있다.

2009년 서울에 개점한 벨라빈스 커피는 전 세계 최고급커피애호가들이 즐기는 명품 원두 '코피 루악'을 메뉴에 도입하였다. 또한 매일유업은 2010년 독일 프로밧(PROVAT)사로부터 최신 배전기를 도입하여 고급커피시장으로의 진출을 선언하며, 세계 바리스타 챔피언십의 최연소우승자인 폴 바셋(Paul Bassett)과 손잡고 커피전문점 '커피스테이션 폴 바셋(Coffee Station Paul Bassett)'을 열었다.

그 동안 미국브랜드와 국내업체로 양분된 커피전문점 시장에 스위스, 이탈리아 등 유럽브랜드가 속속 도입되고 있다. 먼저, 이탈리아 커피 브랜드로 라바짜(LAVAZZA)가 2010년 압구정점을 오픈하였고, 일리(Illy)도 2008년 이탈리안 바 '에스프레사멘테 일리(Espressamente Illy)'로 커피전문점 시장에 진출하였다.

최근의 새로운 현상은 간편하게 에스프레소 커피를 즐길 수 있는 캡슐커피와 그를 이용한 커피머신의 등장이다. 스위스의 글로벌 식품기업인 네슬레 자회사인 네스프레소는 2007년 캡슐커피와 커피머신 제품을 국내에 도입한 후 매년 매출이 45% 이상 성장하고 있다고 한다. 2009년 말 이탈리아 캡슐커피전문점으로 시장에 진출한 '카페 이탈리코'도 있다.

또한 커피에 대한 소비자의 긍정적 인식으로의 변화를 꼽을 수 있는데, 방송과 신문 등 언론 매체를 통한 커피의 효능(블랙커피로 음용할 경우 체중감소, 항산화효과, 지구력 강화 등)이 소개되면서 커피믹스 제품 중에서도 커피만으로 이루어진 블랙커피믹스 등이 다양하게 개발되고 있다.

남양유업은 '프렌치카페 카페믹스'로 커피믹스 시장에 뛰어들었다. 이 제품은 카제인나트륨을 없애고 무지방우유를 첨가하였다고 한다.

Chapter | 02

커피나무, 체리 그리고 생두

1. 커피의 품종
2. 커피나무의 재배
3. 커피의 가공
4. 생두의 포장 및 보관

Chapter | 02

커피나무, 체리 그리고 생두

커피나무는 꼭두서니(Rubiaceae)과(科) 코페아(Coffea) 속의 열대식물로 100여 종이 있다. 그 중에서 커피 콩을 얻기 위해 재배되고 있는 것은 주로 코페아 아라비카(Coffea Arabica)와 코페아 카네포라(Coffea Canephora), 코페아 리베리카(Liberica)의 세 종으로 나눌 수 있다. 코페아 아라비카는 세계에서 재배되고 있는 커피나무의 75~80%를 차지하며, 타이피카(Typica), 버번(Bourbon) 등 많은 재배품종이 있다. 코페아 카네포라는 재배품종의 이름인 로부스타(Robusta)라고 불릴 때가 많고 세계에서 재배되고 있는 커피의 20~25% 정도를 차지한다. 코페아 리베리카도 일부 생산되고 있지만 그 수는 매우 적다.

그림 2-1 | 코스타리카의 라미니타(LaMinita) 농장

1. 커피의 품종

아라비카

카네포라(로부스타)

리베리카

그림 2-2 | 커피생두의 3대 품종

1) 코페아 아라비카 Coffea Arabica

최초의 아라비카 원종은 에티오피아 서쪽의 카파(Kaffa) 지역에서 발견되었다. 아라비카종은 고온다습한 환경에 약해, 비교적 해발 고도가 높은 서늘한 지역에서 재배되고 있다. 또한 비옥하고 배수가 좋은 토양에서 잘 자란다. 아라비카종은 적은 양의 카페인을 함유하고 있으며 미묘하고 호감이 가는 풍미를 지닌 복잡한 맛의 특징을 지니고 있어 고품질의 커피로 제공되고 있다. 아라비카의 주요 품종은 타이피카, 버번, 카투라이며, 자연변이나 교배에 의해 생긴 많은 품종이 있다.

타이피카 Typica

예멘 지역에서 네덜란드인들에 의해 전파되어 카리브해의 마르티니크섬에 옮겨진 것으로 추정된다. 세계에 넓게 재배되고 있어 많은 교배종이 생겨나고 있다. 질병과 해충에 취약하고 비교적 수확량이 적다. 나뭇잎의 끝부분이 구릿빛을 띠는 특징이 있으며, 생두의 모양은 가늘고 끝이 뾰족한 타원형이다.

그림 2-3 | 타이피카 생두

버번 Bourbon

그림 2–4 | 버번 생두

에티오피아에서 아프리카의 버번 섬에 전해진 커피나무가 기원인 품종이다. 타이피카와 함께 2대 재배품종으로 알려져 있다. 버번종은 고도 1,100~2,000m에서 가장 잘 자라며, 나뭇잎의 모양이 다른 종에 비해 넓은 편이다. 타이피카종에 비해 30% 정도 많은 생산량을 보인다. 열매는 빨리 익지만, 비나 바람에 의해 쉽게 떨어져 관리가 어렵다. 생두는 작고 둥근 직사각형의 형태이며 센터 컷은 S자형으로 단단한 편이다.

카투라 Catura

브라질에서 발견된 버번의 돌연변이종으로 질병과 풍해에 강하게 개량되었지만 좋은 품질과 높은 생산량을 위해서는 세심한 관리를 필요로 한다. 좋은 평가를 받는 중미 커피 생산국의 주요 품종이다. 생두는 버번과 닮았지만, 한쪽 끝이 조금 튀어나와 삼각형에 가까운 형태를 하고 있으며, 크기는 작고 단단하다.

그림 2–5 | 카투라 생두

블루마운틴 Blue Mountain

자메이카에서 가장 많이 나는 특별한 블루마운틴종으로, 정확한 유래는 알 수 없지만 타이피카에 가깝다. 기다란 모양의 생두로 엄청난 풍미를 지닌 이 종은 훌륭한 질병 저항력으로도 잘 알려져 있지만 다른 산지에서는 잘 자라지 못한다. 블루마운틴은 고도 1,500m 위에서 가장 잘 자란다.

카티모르 Catimor

1950년 포르투갈에서 아라비카와 로부스타의 혼종으로 개량된 종이다. 녹병에 강하고 빠르게 자라며 높은 고도보다 중간 정도의 고도에서 많은 수확량을 보인다.

카투아이 Catuai

브라질에서 1950~1960년대 인공 개발된 종으로, 현재 브라질, 중미의 주 생산품종으로 자리 잡았다. 바람에 대한 저항력과 견고함을 지니고 있어 바람이 많은 환경에서 잘 자란다. 열매의 색은 붉은색, 짙은 보라색, 노란색이다.

마라고지페 Maragogipe

타이피카종에서 파생되어 브라질에서 자연적으로 나타난 돌연변이로 마라고지페(Maragogipe) 도시 근처 재배지에서 발견되었다. 고도 600~770m에서 잘 자라며 수확량이 많지는 않다. 생두의 크기가 커 코끼리콩(elephant bean)으로 불리기도 한다.

마라고지페의 변종으로 파카마라(Pacamara)종과 게이샤(Geisya)종이 인기가 있다. 파카마라종은 마라고지페와 파카종과의 혼합종으로 생두의 크기가 크고 훌륭한 아로마와 맛을 보인다. 게이샤종은 에티오피아에서 마라고지페의 혼합종으로 콩은 가늘고 길며 개성적인 풍미를 지니고 있다.

티모르 Timor

1860년대의 커피 마름병이 번지던 때에 발견된 카티모르종의 변종으로, 인도네시아의 섬으로부터 이름 지어졌다. 아라비카와 로부스타의 혼합종으로 최고의 아라비카의 맛과 로부스타가 지닌 저항력을 보인다. 하지만 너무 빈약한 맛을 보이는 경우가 있어 오히려 아라비카로 변장한 로부스타로 여겨지기도 한다.

HdT Hibrido de Timor

1978년 동티모르 지역에서 발견되어 1979년 아체(Aceh) 지역에서 재배되기 시작했다. 인도네시아 지역에서는 '팀팀(Tim Tim)', '추리아(Churia)' 라고 부르기도 한다. 티모르 아라비카와 로부스타의 자연교배종으로, 뿌리가 튼튼하여 가뭄에는 강하지만 생산성이 낮으며 변동이 심하고 커피의 품질은 떨어지는 편이다.

문도노보 Mundo Novo

1950년경부터 브라질 전역에서 재배되기 시작하여 현재는 카투아이와 함께 브라질의 주력 품종이다. 버번과 수마트라종의 자연교배종이며 환경적응력이 좋고 병충해에도 강하다. 신맛과 쓴맛의 밸런스가 좋아 이 품종이 처음 등장했을 때 장래성을 기대하여 문도노보('신세계' 라는 뜻)라는 이름이 붙여졌다.

켄트 Kent

인도 마이소르(Mysore) 지역 켄트(Kent) 농장에서 발견되었으며 타이피카의 변이종이다. 생산성이 높고 병충해, 특히 녹병에 강하다.

2) 코페아 카네포라 Coffea Canephora : Robusta

아프리카의 콩고 빅토리아호의 서쪽에서 유래했다. 고온 다습한 환경에도 적응을 잘하여 어떤 토양에서도 재배가 가능하며 병충해에도 강해 주로 동남아시아 지역의 저지대에서 재배되고 있다. 카페인의 함유량은 아라비카종이 1.0~1.4% 전후인 데 반해, 로부스타종은 평균 1.8~3.5% 전후로 높은 것이 특징이다. 생두는 두께가 있어 굴러가기 쉬울 정도로 둥근 것이 특징이며, 강한 쓴맛과 독특한 향을 지니고 있다. 아라비카종과 같은 풍미를 낼 수는 없지만, 품질이 좋은 로부스타는 바디감이 뛰어나 에스프레소 블렌드에 사용되기도 한다.

3) 코페아 리베리카 Coffea Liberica

서아프리카의 리베리아가 원산지이며, 1870년대 녹병이 크게 번질 때 아라비카의 대체종으로 관심이 있었던 품종이다. 그러나 리베리카의 풍미는 아라비카커피에 미치지 못하고 수확량도 로부스타와 비교하여 부족하다. 현재는 서아프리카 국가와 동남아시아 지역에서 적은 양이 재배되고 있다.

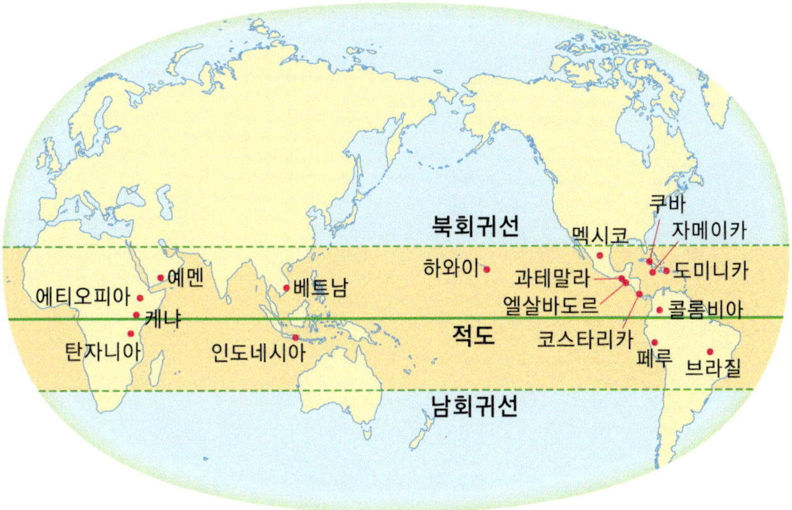

그림 2-6 | 커피 벨트

2. 커피나무의 재배

세계의 커피생산국은 대부분 적도를 끼고 남북회귀선(남 · 북위 23도 27분) 내의 열대 아열대 지역에 위치하고 있다. 이 지역을 커피 벨트 또는 커피 존(zone)이라 부른다.

1) 재배조건

기 후

강우량, 일조량, 기온 그리고 그 외의 다른 환경적 요소들은 커피나무의 성장과 맛에 영향을 준다.

일중 평균기온은 아라비카종의 경우 18~22℃ 정도, 카네포라종의 경우에는 22~28℃가 적당하다.

강우는 연중 강수량이 아라비카의 경우 1,400~2,000mm 정도, 로부스타종의 경우에는 2,000~2,500mm 정도가 필요하다. 일조량은 적당하게 필요하지만 아라비카종은 강한 일사나 폭염에 약하기 때문에 어떤 조건이라도 일중 서리가 내리지 않는 지형, 낮과 밤의 기온차가 큰 지형이 바람직하다. 환경적응력이 좋은 로부스타는 낮은 지형에서도 잘 자란다.

토 양

커피나무가 자라는 토양은 생두의 풍미에 큰 영향을 미친다. 커피 재배에 적절한 토양은 유기성이 풍부한 화산석회질, 어느 정도 습기가 있는 배수가 좋은 토양이라고 할 수 있다. 아라비카종은 비옥한 토양에서, 카네포라종은 어떤 토양이라도 잘 자란다.

토질은 커피맛에 미묘한 영향을 끼친다. 일반의 산성이 강한 토양에서 수확된 커피는 신맛이 강하다. 또 브라질의 리우데자네이루 주변의 토양은 요오드향이 강하고 수확할 때 과실을 지면에 흩어놓기 때문에 리오향이라고 하는 독특한 향이 난다. 자메이카의 풍요로운 화산성 토양이 만들어 낸 커피의 맛과 석회질 또는 모래와 같은 성질의 예멘의 토양이 만들어 낸 커피의 맛은 서로 같은 종의 나무임에도 불구하고 다르다.

지형과 고도

아라비카종은 고온다습하지 않고 서리가 내리지 않는 고도 1,000~2,000m의 고지대 산의 경사면에서 재배되고 있다. 고지대의 경우 커피나무의 열매는 서서히 숙성되면서 열대 특유의 강한 일사량과 조화를 이루어 특유의 풍미를 만들어 낸다. 고도 1,000m 이하의 저지대에서는 환경적응력이 좋은 로부스타 품종이 재배되고 있다.

그러나 반드시 고지대에서 재배된 콩(bean)이 고품질이며, 저지대의 콩이 저품질이라고 할 수는 없다. 적절한 기온과 강수량, 토양, 밤낮의 온도차 등의 기상조건으로 고품질의 커피가 얻어지는 경우도 있기 때문이다. 고도는 단지 등급을 결정하는 판단자료로 보아도 된다. 고도도 중요하나 해당 산지의 독특한 지형이 갖고 있는 기상조건이 보다 중요하다고 할 수 있다.

농경기술

생두가 지닌 모든 것을 이끌어 내는 데에는 농경기술(farming standards)도 중요하다.

커피 재배과정

수확시기의 결정, 가지치기, 물 주기, 비료 주기, 노후된 나무의 교체 등과 같은 재배 과정에서 사용되는 농경기술들은 생두의 품질을 좌우한다.

예를 들어, 수확시기를 잘못 결정한 경우는 익지 않은 생두와 너무 익은 생두가 섞이게 되어 커피의 맛에 영향을 준다.

2) 커피나무의 재배, 수확

파종에서 발아까지

파치먼트(parchment) 상태의 씨앗을 묘판에 심거나 묘목용 화분에 흙과 퇴비 등을 혼합하여 심는다. 땅에 직접 파종한 후 발아가 되면 묘판에 옮겨심기도 한다.

파종 후 약 1~2개월이 지나면 발아한다. 떡잎이 나오고 약 한 달에 5~6cm가 자란다. 6개월 후 40~50cm가 되면 농장으로 옮겨 심는다.

묘포와 묘목의 이식

대략 50cm 전후의 묘목으로 성장하지만 그 시기 묘목은 아직 약하기 때문에 묘포(nursery : 묘상으로 표기하기도 한다) 위에 그물망이나 야자수 잎 등으로 지붕을 만들어 직사광선으로부터 보호한다. 약 17개월 정도 기른 묘목은 주로 비가 오는 계절에 재배 지역으로 이식한다. 묘목 이식 전에는 각종 해충과 질병에 안전할 수 있도록 예방조치를 해준다. 그 후 커피나무의 뿌리가 땅에 잘 안착할 수 있도록 촉촉한 토양에 웅덩이를 파고 묘목을 이식한다.

커피나무

농장으로 옮겨 심은 묘목은 약 3년이 지난 후 꽃이 피고 열매를 맺는다. 수확은 1년에 1~2회 이루어지며, 커피나무의 수명은 관리를 잘하면 20년은 물론 30~50년에 걸쳐 결실을 내는 것도 있다. 커피나무는 10m에 이르는 것도 있으나 수확의 편의를 위해 보통 2m 정도의 높이로 가지를 쳐준다.

개 화

커피나무는 건기 후 비가 오면 일제히 꽃이 핀다. 커피의 꽃은 백색의 다섯 잎의 꽃으로 재스민과 비슷한 향이 난다. 꽃은 2~3일 후 시든다. 꽃이 시든 후 4~5일 후 꽃이 떨어진 자리에서 열매가 자란다.

결 실

개화 후 며칠이 지나면 단단하고 파란 열매가 된다. 처음에는 작았던 열매가 6~8개

tip

커피체리의 구조

약 1.5~2cm 크기인 커피체리의 외피(outer skin)는 보통 짙은 붉은색, 보라색 간혹 노란색을 띤다. 외과피 안쪽에는 끈적끈적하고 달콤한 점액질(mucilage)이 있는 과육(pulp), 파치먼트(parchment), 실버 스킨(silver skin)이 마주보고 있는 두 개의 생두(green bean)를 감싸고 있다.

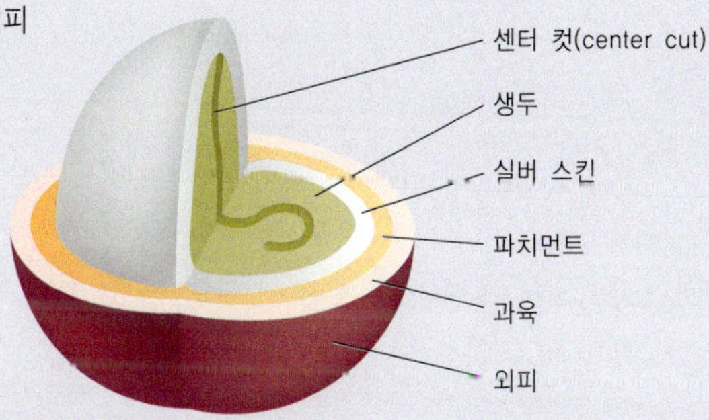

생두 두 개 중 하나가 자라지 못하게 되어 다른 쪽이 특유의 둥그런 모양을 보이게 되는 경우를 피베리(peaberry)라 한다.

점액질이 붙은 커피열매

피베리

tip

커피생산에 치명적인 병충해

커피 벌레

- CBB(Coffee Berry Borer)
  커피열매 벌레로 스페인어로는 브로카(Broca)라고 부른다.
- CBD(Coffee Berry Disease)
  커피 열매가 다 익기 전에 열매가 죽어 떨어지는 병으로 케냐, 동아프리카 지역에서 가장 큰 문제이다.
- CLR(Coffee Leaf Rust)
  1876년 수마트라, 1878년 자바, 1880년대에는 아프리카 ,1970년 브라질 그리고 중미로 번진 병으로 녹병이라 한다. 주로 아라비카 품종에서 많이 발생되며 스리랑카 '실론(Ceylon)' 지역에서 1869년 발견되었다. 스리랑카는 최대의 커피 재배생산국이었으나 이 녹병으로 인해 커피나무가 대부분 죽게 되었다. 이후 스리랑카는 차를 재배하기 시작했고 현재 스리랑카는 최대의 차 생산국으로 유명하다.

월에 걸쳐 점점 커져, 새빨갛게 성숙한다. 열매는 성숙한 때의 모양이나 색이 체리와 닮았다고 하여 커피체리(coffee cherry)라고 부른다.

커피열매의 수확

커피열매는 같은 가지에 붙어 있는 열매라도 익는 속도가 다르기 때문에 붉게 익은 것부터 하나씩 손으로 수확(harvesting)한다. 산지에 따라 열매가 익기를 기다렸다 지면에 천을 깔고 가지를 훑어 지면으로 떨어뜨리거나, 기계를 시용하여 수확하기도 한다.

핸드피킹

핸드피킹(hand picking / manual harvesting)은 농부가 허리에 나무로 엮은 바구니(canasta)를 차고 잘 익은 체리만을 골라 손으로 수확하는 방법(selective)이다. 커피의 품질이 비교적 우수한 편이나 노동력이 많이 든다.

가지를 훑어 내리면서 수확하는 방식(stripping)은 나뭇가지, 덜 익은 체리가 섞일 수 있기 때문에 수확시기의 선택이 중요하다.

핸드피킹

기계수확

그림 2–7 ㅣ 커피열매의 수확 방법

기계수확

기계수확(mechanical harvesting)은 기계의 봉이 커피나무를 움직이게 하여 체리를 수확하는 것으로 인건비가 적게 들고 속도는 빠르나 잘 익은 체리와 덜 익은 체리의 선별 수확이 어렵고 나뭇잎과 가지 등의 불순물이 섞일 수 있다는 단점이 있다.

3. 커피의 가공

수확한 커피체리에서 생두(green bean)를 얻기까지의 과정을 가공이라 한다. 이 과정을 어떻게 하느냐와 얼마나 잘 하느냐가 커피의 풍미나 품질에 결정적인 차이를 주기 때문에 재배지를 제외하고는 가장 기초적인 생두의 구분법이 된다. 수확한 커피체리는 가공하지 않은 상태로 두면 급속도로 변질된다. 그렇기 때문에 커피체리 수확 후 2시간 안에 가공과정에 들어가는 것이 좋다.

익은 커피체리는 일반적으로 수분 함유량이 65%를 넘지 않는다. 커피 가공에서 가장 중요한 목표는 생두를 체리에서부터 분리해 내고, 생두가 보존될 수 있도록 수분 함유량을 최대 12%까지 건조시키는 것이다.

가공 방법으로 주로 사용되는 것은 내추럴(natural) 방법과 워시드(washed) 방법이다. 또한 브라질에서 개발한 펄프드 내추럴(pulped natural) 방법이나 인도네시아에서 하는 세미 워시드(semi washed) 방법이 있다.

1) 내추럴 방법 건식법 / Dry Processing

수확된 체리를 햇볕에 그대로 건조시켜 씨앗과 체리가 쉽게 분리되도록 하는 가공법이다. 생두를 주기적으로 뒤섞어 주어 햇볕에 골고루 마르도록 한다. 말린 체리는 탈곡(hulling) 과정을 거쳐 체리껍질과 파치먼트를 동시에 제거하여 생두를 얻는다. 수확된 체리의 선별 과정 없이 그대로 건조시켜 생두를 얻는 과정에서 결점두의 발생률이 높아 맛에 영향을 미치는 요소가 많다.

내추럴 가공 방법으로 가공된 커피는 톡 쏘는 듯한 맛, 거친 맛, 달콤하고 풍부한 바디감, 과일향, 흙의 풍미 등 자연스러운 커피 맛을 낸다. 물이 적게 사용되기 때문에 물이 부족한 기후에 적합하지만 건조하는 과정에서 관리가 어렵고 많은 시간과 노동력을 필요로 한다.

에티오피아, 브라질, 인도네시아 수마트라에서 주로 이용되는 가공 방법이다.

그림 2-8 | 내추럴 방법

2) 워시드 방법 습식법 / Wet Processing

세계 커피 생산국의 대부분은 워시드 가공 방법을 선호한다. 워시드 방법으로 가공

워시드 방법

된 커피는 깔끔하고 일관된 맛과 향, 깨끗한 산도를 보여 준다.

❶ **이물질 제거 및 분리** : 커피체리를 수확한 후 가공공장으로 이동하여 물에 넣어 이물질을 제거하고 잘 익은 체리와 덜 익은 체리를 구분한다.

❷ **펄핑** : 잘 익은 체리는 펄핑(pulping) 과정을 통해 껍질을 제거한다.

❸ **발효** : 펄핑 과정이 끝나면 발효탱크로 이동하여 파치먼트 상태에 남아 있는 점액질을 제거한다. 발효시간은 18~24시간 소요된다.

❹ **세척** : 발효가 끝나면 물로 씻어내며 수로(washing channel)로 이동한다.

❺ **건조** : 점액질이 제거된 파치먼트는 건조과정으로 들어간다. 건조 방식으로는 파티오 건조(patio drying), 체망 건조(screen drying), 기계 건조(mechanical drum drying)를 이용한다.

- 파치오 건조는 파치먼트를 바닥(땅 또는 시멘트)에 펼친 후 갈고리를 이용하여 섞어주며 골고루 건조시키는 방식이다.
- 체망 건조는 선반에 올려져 위와 아랫부분으로 공기가 잘 통하게 하여 건조하는 방식이다.
- 기계 건조는 기계드럼에 파치먼트를 넣고 60℃의 온도로 10시간 동안 건조시키는 것이다. 드럼 건조 시의 연료는 가공 후 나오는 파치먼트를 사용한다.

❻ **숙성** : 건조가 끝난 파치먼트는 숙성 과정을 거친다. 보통 20일 정도의 숙성시간을 갖는데, 이 과정은 커피의 신선도를 유지하고 결정하는 중요한 과정이다.

❼ **탈곡** : 탈곡 과정을 거쳐 파치먼트와 생두를 분리한다. 농장에 따라 남은 실버 스킨(silver skin, 은피)을 더욱 깨끗하게 제거하기 위해 폴리싱(polishing) 과정을 거치기도 한다.

❽ **분류 및 선별** : 생두의 크기, 밀도, 색깔, 결점두에 따라 분류 및 선별 과정을 거친다.

❾ **커핑** : 생두를 샘플 로스팅하여 커피의 맛과 향의 특성을 평가한다.

❿ **포장 및 보관** : 모든 과정이 끝난 후 무게에 따라 포장한 후 보관한다.

tip

발효 과정 시 점액질이 제거될 때 일어나는 반응은?
발효(fermentation) 시 발효탱크에서는 생두를 둘러싸고 있는 점액질의 생화학적 반응이나 가수분해가 일어난다. 이러한 반응들은 커피체리 속에 존재하는 효소(펙티나아제(pectinase)와 펙타아제(pectase))에 의해 일어난다.

발효 과정이 끝난 것을 어떻게 알 수 있나?
손으로 생두를 몇 개 집어 비벼 씻어보면 거친 소리가 나고, 깨끗한 콩들은 깨끗이 닦인 자갈과 같이, 조금 거칠고 모래와 같은 느낌을 준다.

세척수로를 거치는 이유는?
차가운 물로 발효 과정을 멈추게 하며, 발효 과정 후 콩에 남아 있는 점액질이 제거된다. 또한 세척수로(washing channel)를 통과하면서 생두 밀도에 따른 분류가 이루어진다.

3) 펄프드 내추럴 방법 Semi-dry Processing

수확 즉시 체리의 껍질을 제거하고 점액질이 붙어 있는 상태의 파치먼트를 그대로 건조시킨다. 그 후 마른 과육을 기계로 벗겨내어 생두를 얻는다. 이 가공 방법은 체리의 껍질을 제거하는 과정(pulping)에서 미성숙체리를 제거하는 것이 가능해 내추럴 방법에 비해 정제도가 높다. 점액질이 묻은 상태로 건조하므로 단맛과 과일맛, 꽃향기가 특색인 커피가 된다.

tip

수마트라식(Sumatra)
인도네시아 수마트라섬의 처리 방법이다. 체리의 껍질을 제거하고 점액질이 묻은 파치먼트 상태의 생두를 충분히 건조하여 탈곡한다. 그 후 생두 상태에서 건조한다. 수확에서 생두 건조까지가 빠르며, 가공이 끝나면 생두는 청녹색을 띤다.

4) 세미 워시드 방법 Semi – weashed Processing

수확한 커피체리를 물로 씻고 기계에 의해 외피와 점액질을 제거한다. 다음으로 햇빛에 건조시킨 후에 기계로 건조시켜 마무리한다. 워시드 방법과 다른 점은 발효 과정을 거치지 않는다는 것이다. 품질은 내추럴 방법보다 안정적이다.

4. 생두의 포장 및 보관

생두는 살아 있는 개체이므로 생두 특성을 유지한 상태로 보관할 수 있는 조건을 갖추어야 한다. 주로 통기성이 좋아 장기간 보관이 용이한 황마나 삼베(burlap)로 만든 자루에 포장하여 보관한다. 생두 포장은 국가별 포장 단위에 따라 이루어지는데, 1자루(bag)는 60kg, 69kg, 70kg, 45kg 등 다양하다. 보관 시에는 20℃ 이하의 온도와 생두 수분 함유율에 따라 40~60%의 습도를 유지하여 생두의 손상을 막아 품질을 유지하도록 한다. 보관장소로는 빛이 들지 않고 통풍이 잘 되며 습기가 차지 않는 곳이면 좋다.

그림 2–9 | 생두 포장

커피 농장의 이모저모

미성숙체리와 성숙체리

껍질이 제거된 커피체리

커피체리(yellow Catuai)

카나스타(커피체리 수확 바구니)

자연건조된 커피체리

파치먼트

발효 중인 콩

체리 펄핑 후 크기에 따른 분류기

Chapter | 03

커피의 분류와 세계 생산지

Chapter | 03

커피의 분류와 세계 생산지

1. 커피의 분류

커피 생산국에서 수확한 커피의 분류기준은 각 생산국의 기준에 따르고 있다. 각 생산국의 규정된 분류기준은 생산자(판매자)와 사용자(구매자) 간에 커피의 유통 시 편리함을 위한 것이다. 일반적으로 분류의 등급을 부여하는 과정은 주관적인 기준인 맛보다는 얼마나 결함 있는 콩이 있는가에 비중을 두고 있다.

1) 재배고도

커피가 재배되는 고도에 따라 등급이름이 주어진다. 재배고도에 따라 커피의 맛과 향에 영향을 준다. 높은 고도는 일교차가 커서 낮은 고도의 생두보다 밀도가 높아진다. 또한 낮은 고도보다 좀 느리게 성숙하며, 신맛이 더 강하고 맛과 향이 풍부하다.

멕시코(고도 1,700m 이상), 엘살바도르나 온두라스(1,200m 이상)는 SHG(Strictly High Grown), 과테말라(고도 1,350m 이상)나 코스타리카(고도 1,200m 이상)는 SHB(Strictly Hard Bean)로 등급용어를 사용한다.

2) 크 기

생두의 크기에 따라서도 분류 등급이 나뉜다. 탄자니아 AA의 스크린은 7.14mm 이상,

케냐 AA도 7.2mm 이상을 최고의 등급으로 정한다. 콜롬비아에서도 스크린 사이즈 17 이상을 수프리모(supremo), 스크린 사이즈 14~16을 엑셀소(exelso)로 분류한다. 생두의 크기는 외견상의 품질규격을 나타내기 위함이지 미각의 우열을 말하는 것은 아니다.

tip

생두의 등급 결정하기

철판에 뚫려 있는 구멍에 생두를 통과시켜 스크린 사이즈를 측정한다. 1스크린 사이즈(구멍 크기의 단위)는 64분의 1인치이므로 스크린 사이즈 17이라면 64분의 17인치로 6.75mm의 스크린 사이즈를 말한다. 스크린 사이즈 17 이하의 생두는 밑으로 떨어지고 그 이상만 스크리너(screener)에 남는다. 따라서 생두의 스크린 넘버는 콩의 크기를 말한다.

수동식 스크리너

기계식 스크리너

3) 결점두

내추럴 가공 방법으로 커피를 생산하는 국가들에서는 결점두의 수에 따라 등급을 분류한다. 300g 생두 중에 포함된 결점두의 수에 따라 브라질은 No. 2~6, 에티오피아는 Grade 1~8, 인도네시아는 Grade 1~6으로 분류하고 있다.

그림 3-1 | 핸드소팅(hand sorting)

결점두(defect bean)는 커피나무를 재배, 수확, 가공, 보관하는 전 과정에서 여러 가지의 원인으로 발생된다. 각 과정에서 발생되는 결점두의 특성과 발생원인, 맛의 특징에 대해 알아보자.

표 3-1 농장의 환경(plantation conditions)에서 생기는 결점두

결점두	특징	발생원인	맛
Black bean	검은 표면	곰팡이 침투	너무 강한 맛, 잿가루맛
Insect-damaged bean	동그란 구멍들	커피체리 천공충	자극적이지 않은 맛에서 쓴맛까지
Dark brown bean	갈색부터 흑색까지의 표면	곤충들에게 손상을 입은 덜 성숙된 체리	과일맛에서 자극적인 맛까지
Malformed bean or shell	기형의 형태	성장과정에서의 결점	낮은 산도, 자극적이지 않은 맛

표 3-2 수확과정(harvest)에서 생기는 결점두

결점두	특징	발생원인	맛
Immature	주름진 표면	덜 자란 체리	낮은 산도, 떫은맛, 쓴맛
Quaker	로스팅 후 밝은 갈색	덜 익은 체리	자극적이지 않은 맛, 쓴맛
Rioy bean	잘라보았을 때 약품냄새가 남	너무 많이 익은 체리	약맛, 요오드맛
Sour	겉은 밝고, 속은 갈색 혹은 붉은빛	곰팡이	신맛
Foreign Matter	나뭇가지, 돌멩이, 잎사귀들	콩을 고르고 선정하는 과정에서의 잘못	쓴맛, 나무맛, 자극적이지 않은 맛

표 3-3 가공과정(processing)에서 생기는 결점두

결점두	특 징	발생원인	맛
Damaged bean	조각난 콩	장비의 잘못된 세팅	밋밋한 맛, 간혹 불쾌한 향이 날 수 있음
Zebra bean	얼룩말 줄무늬	안테스티아 벌레(Antestia bug)	감자맛
Rioy bean	잘랐을 때 약품 냄새가 남	토양	약맛, 요오드맛
Over-fermented or Stinker bean	대부분 인식되지 않음	오염	썩은맛
Moldy bean	눈에 확연히 보이는 곰팡이	잘못된 건조	곰팡이맛
Earthy bean	젖은 땅의 냄새	젖은 땅에서 건조시킨 경우	흙맛
Rubbery bean	인식되지 않음	아스팔트에서 건조시킨 경우	고무맛, 유황맛
Funky bean	인식되지 않음, 수마트라 만델링(Sumatra Mandheling) 커피에서 발생함	오염, 종종 오염된 땅 위에서 건조시킨 경우 발생함	향이 강하고 와인과 비슷한 맛, 그러나 더 숙성된 콩의 맛은 아님
Hidey bean	노란빛의 갈색	건조기가 과열된 경우	숨은 맛
Faded bean	색이 다소 흐릿함	보관의 잘못 : 공기 순환 부족, 수변 온도가 너무 높음	가죽과 같은 맛, 숨은 맛
Hulls or husks	부분적으로 마른 체리 혹은 파치먼트	기계의 세팅을 잘못한 경우	자극적이지 않거나, 중성적인 맛
Parchment bean	콩이 계속 파치먼트 안에 있음	탈곡기의 세팅이 잘못된 경우	숨은 맛, 나무맛

tip

SCAA에 의한 결점두

결점두 모양 및 종류		특 징
Black bean		완전히 검은 생두
Sour bean		갈색으로 발효된 생두
Dried Cherry		마른 껍질에 싸여 있는 생두
Parchment bean		파치먼트에 싸여 있는 생두
Floater		가벼워서 물에 뜨는 생두
Foreign matter		돌, 나뭇가지 등 이물질
Insect damage bean		벌레먹은 생두
Fungus damaged bean		곰팡이로 인해 색이 변한 생두
Immature / unripe		덜 익은 생두
Shell		조개껍질 모양의 생두

4) 지속가능한 커피 sustainable coffee

커피 소비가 늘어남에 따라 커피로 인한 사회적 · 환경적 영향에 대한 관심이 높아지고 있다. 이러한 관심은 환경 파괴 없이 소비자와 생산자(커피농장의 농부) 간의 사회 · 경제적 지속가능성을 위한 커피 인증제도의 도입으로 이어진다.

유기농 커피

유기농(organic) 인증 커피는 환경을 고려한 재배방법을 사용했음을 인증한다. 농장은 환경친화적으로 지속가능한 방식인 재배 순환 계획을 따라야 하며, 유전자 조작을 법적으로 금지하고 동물에 대해 친화적인 조건에서 재배되어야 한다.

미국은 OCIA(Organic Crop Improvement Associantion), QAI(Quality Assurance International), FVO(Farm Verified Organic)와 같은 공인 인증기관에서 유기농 인증을 받아 유기농 커피로 인증받는다.

그림 3-2 | 유기농 인증마크

공정거래 커피

공정거래(fair trade)는 생산자인 농민조합과 소비자 간에 공정한 거래가 이루어지는 것을 말하며, 일반적으로 생산자(커피 농장의 농부)가 받아야 할 공정한 가격을 보장받는 것이다. 농민조합이 공정거래로 판매한 커피의 수입은 대부분 농민의 삶의 질 향상과 커피의 품질 향상을 위해 사용된다. 국제공정무역기구(Fairtrade Labeling Organizations International)에서 커피에 적용되는 생산공정의 투명성과 사회개발에의 투자 등의 인증기준에 의해 공정거래 커피로 인증된다.

FAIR TRADE CERTIFIED®

FAIRTRADE

그림 3-3 | 공정거래 인증마크

tip

디카페인 커피

커피의 카페인을 제거하기 위해서는 원천적으로 카페인을 함유하지 않은 커피를 만들어 내는 유전자 조작 방식과, 커피가 생두로 생산된 이후에 가공하는 방식이 있다. 유전자 조작으로 생산되는 디카페인 커피는 여타 유전자 조작 농산물과 마찬가지로 환경 파괴에 대한 우려와 품질에 대한 논란이 많은 상황이다. 일반적인 디카페인 커피를 만드는 가공 방식에는 용매식, 스위스 워터식, CO_2식이 있다. 이러한 방식을 통해 가공된 디카페인 커피는 약 2~3%를 제외하고 거의 모든 카페인이 제거된다.

- 용매식(혹은 유럽식)
  - 직접 용매 가공법 : 생두에 증기를 쐬어 흡기공을 열고 이를 통해 용매가 생두의 카페인과 결합하게 한 후, 더욱 증기를 쐬어 용매와 카페인을 함께 제거한다.
  - 간접 용매 가공법 : 생두를 뜨거운 물에 담가 카페인과 함께 생두의 모든 성분(맛, 향 모두)을 제거한 뒤 생두를 건져낸다. 이 물에 카페인과 결합하는 용매를 사용하여 카페인을 물의 표면에 떠오르게 하여 제거하고, 카페인이 제거된 물에 생두를 넣어 원래의 성분과 다시 합친다.

셰이드 그로운, 버드 프렌들리, 열대우림 커피

그림 3–4 | 버드 프렌들리 인증마크와 열대우림 커피 인증마크

커피나무 사이에 여러 가지 다른 품종의 나무들을 심어 그늘을 만들어 주는 방식(shadow grown)이다. 커피 농장의 나무는 철새들에게 서식지를 제공하며, 농장은 마치 작은 숲과 함께 커피나무를 재배하는 것과 같은 모습이 된다. 이러한 환경에서 자란 커피는 유기농 커피의 장점을 지니고 있으며 스미소니언학회 철새연구소(The Smithsonian Institution's Migratory Bird Center)에 의해 버드 프렌들리(bird friendly) 인증을 받는다.

열대우림연합(The Rainforest Alliance)은 야생의 다양성, 환경친화적 과정, 제한된

- **스위스 워터 방식**

  생두를 뜨거운 물에 담가 생두의 모든 성분을 녹인다. 이때 사용된 생두는 모두 버린다. 카페인을 포함하여 커피의 모든 성분이 녹아 있는 물을 활성탄 필터로 걸러 카페인만 제거한다. 카페인이 제거된 이 물을 스위스 워터(Swiss water)라 부른다. 이 스위스 워터에 새로운 생두를 넣으면 카페인만 녹아나오게 된다. 이후 생두를 건져서 말린 후 디카페인 커피로 판매되고, 카페인이 녹아 있는 스위스 워터는 이전처럼 필터를 이용하여 카페인을 제거하고 다른 생두의 가공에 계속하여 사용된다.

- **CO_2 방식**

  고압의 이산화탄소는 카페인과 결합되는 성질이 있는데, 이를 이용한 방식이다. 액체 상태의 이산화탄소에 생두를 넣어 카페인을 제거한다. CO_2 방식을 이용하며 카페인을 녹이는 용매를 사용하지 않는다는 점에서 비교적 인체에 무해하다는 장점이 있지만, 가공 설비를 위한 비용이 많이 든다는 단점도 있다.

농약 사용, 생산자(농부)와 노동자에 대한 복지 지원에 대한 사회 · 경제적 기준까지도 포함된, 여러 가지 환경적 기준을 통과한 커피에 부여하는 인증이다.

2. 세계 커피 생산지

적도를 중심으로 하는 커피존에 위치한 각국의 커피 원산지는 기후, 토양과 같은 전반적인 환경으로 인하여 원산지별로 독특한 풍미를 만들어 낸다. 약 60여 개국에서 재배되고 있는 커피의 개성이 평가되고 있는 지금, 콩의 품종이나 생산 처리 방법 등 커피 생산의 현장에 많은 관심이 모아지고 있다. 커피를 재배하는 세계의 대표적인 나라들을 알아보자.

1) 멕시코 Mexico

멕시코는 유기농 인증 커피를 생산하는 원산지로, 근래 들어 고급 커피 원산지로 부상하는 중이다. 커피를 재배하기에 좋은 환경은 아니나, 멕시코 농부들의 노력으로 훌륭한 커피가 생산되고 있다.

멕시코 커피는 견과류의 향과 함께 밝은 느낌의, 나쁘지 않은 정도의 가벼운 바디감과 산뜻한 산도, 좋은 균형감을 지니고 있다.

그림 3–5 | 멕시코의 생두 주요 생산지

표 3–4 멕시코 재배 지역의 특징

구 분	특 징		
주요 재배 지역	베라크루즈(Veracruz) 주의 알투라 코아테펙(Altura Coatepec), 알투라 오리자바(Altura Orizaba), 알투라 후아투스코(Huatusco), 오악사카(Oaxaca) 주의 오악사카 플루마(Oaxaca Pluma), 멕시코의 끝자락 과테말라 접경 지역의 치아파스(Chiapas), 타파출라(Tapachula) 등		
품 종	버번, 문도노보, 카투라, 마라고지페		
수 확	• 저지대 : 8~11월 • 고지대 : 11~1월		
가 공	워시드	포장단위(1bag)	69kg
분류기준 (재배지의 고도에 따라)	• SHG(Strictly Hard Grown) : 1,700m 이상 • HG(Hard Grown) : 1,000~1,600m		

2) 과테말라 Guatemala

과테말라는 많은 화산이 있는 나라이며, 고산지대와 태평양, 대서양의 해풍 등 자연조건을 기반으로 독특한 커피가 재배되고 있다. 또한 크고 작은 여러 농원은 조합의 농업교육을 통해 커피 생산에 필요한 환경적 요소들을 적용하여, 개성이 풍부하고 질 높은 스페셜 커피를 생산하고 있다.

그림 3-6 | 과테말라의 생두 주요 생산지

과테말라 커피는 훈연, 향신료, 초콜릿, 과일향과 더불어 묵직한 바디감이 어우러져 부드럽고 깊은 맛을 보인다.

표 3-5 과테말라 재배 지역의 특징

구분	특징		
주요 재배 지역	분지로 둘러싸인 안티구아(Antigua), 중앙의 산에서 카리브해 연안 경사면에서 재배되는 우에우에테낭고(Huehuetenango), 동부의 코반(Coban), 태평양 경사면에서 재배되는 산마르코스(San Marcos), 중남부 과테말라의 아티틀란 호수를 둘러싸고 있는 분지에서 재배되는 아티틀란(Atitlan) 등		
품종	버번, 타이피카, 마라고지페		
수확	8~4월		
가공	워시드	포장단위(1bag)	69kg
분류기준 (재배지의 고도에 따라)	• SHB(Strictly Hard Bean) : 1,600~1,700m • FHB(Fancy Hard Bean) : 1,500~1,600m • HB(Hard Bean) : 1,350~1,500m		

tip

아나카페(Anacafe)

과테말라 국립커피협회(The Guatemalan National Coffee Sssociation)

3) 코스타리카 Costarica

코스타리카는 기후, 화산성의 비옥한 토양, 높은 고도 등의 이상적인 자연환경과 커피 농장들의 현대적 가공 방식으로 양질의 커피를 생산하고 있다. 재배품종 또한 아라비카(Arabica) 커피만을 재배할 수 있도록 규제하고 있다.

코스타리카 커피는 깨끗하고, 적당한 신맛, 단맛이 어우러진 균형 잡힌 맛과 과일향의 특징을 지닌다.

그림 3–7 ㅣ 코스타리카의 생두 주요 생산지

표 3–6 코스타리카 재배 지역의 특징

구분	특징		
주요 재배 지역	나라 중앙에 위치한 수도 산호세(San Jose) 가까이의 타라주(Tarrazu), 트레스리오스(Tres Rios), 볼칸 포아스(Poas) 등		
품 종	카투라, 카투아이, 하이브리드 타이픽		
수 확	대서양 쪽 경사면	• 저지대 : 8~11월	• 고지대 : 10~1월
	태평양 쪽 경사면	• 저지대 : 9~10월	• 고지대 : 11~3월
가 공	워시드	포장단위(1bag)	69kg
분류기준 (재배지의 고도에 따라)	• SHB(Strictly Hard Bean) : 1,200~1,650m • GHB(Good Hard Bean) : 1,100~1,250m • HB(Hard Bean) : 800~1,100m		

tip

- 코스타리카 국립커피연구소(ICAFE : Instituto del Caféde Costa Rica)
- 코스타리카 스페셜티커피협회(SCACR : Specialty Coffee Association of Costa Rica)

4) 브라질 Brazil

그림 3-8 I 브라질의 생두 주요 생산지

브라질은 세계 제1위의 생산량을 자랑하는 커피대국이다. 매년 국내 소비량도 증가하고 있어 미국에 이어 세계 제2위의 소비대국이기도 하다. 브라질의 커피 생산량은 세계의 커피 시세에 큰 영향을 미치며 세계의 커피 재배시장을 주도하고 있다.

비교적 가볍고 밝은 느낌과 부드러운 맛에 섬세한 달콤함이 가미되어 미묘한 과일향과 꽃향도 보여 준다.

표 3-7 브라질 재배 지역의 특징

구 분	특 징		
주요 재배 지역	수도 브라질리아의 남쪽 높은 고원인 세하도(Cerrado), 술지미나스(Sul de Minas) 고원에 펼쳐진 미나스제라이스(Minas Gerais) 주와 상파울루 경계의 모지아나(Mogiana) 등		
품 종	버번, 타이피카, 문도노보		
수 확	6월 이후		
가 공	• 내추럴 • 펄프드 내추럴	포장단위(1bag)	60kg
분류기준 (결점두의 수에 따라)	Type 2~8 • Extra Prime : Type 2/3 N.Y.(300g당 4~25개의 결점두) • Prime : Type 3/4 N.Y.(300g당 12~44개의 결점두)		

5) 콜롬비아 Colombia

그림 3-9 | 콜롬비아의 생두 주요 생산지

콜롬비아에서 생산되는 커피의 대부분은 높은 고도의 소농장에서 재배되며 세심한 관리로 수확, 가공되는 훌륭한 커피들이다. 총 생산량에 있어서도 브라질에 이어 세계 2위를 차지하고 있다.

콜롬비아는 수만 명의 소규모 재배자들로 구성된 '콜롬비아 국립커피생산자연합(FNC : Federacion Nacional de Cafeteros de Colombia)'의 폭넓은 지원과 후안 발데스(Juan Valdez)로 대표되는 성공적인 커피마케팅 프로그램을 기반으로 '마일드 커피(mild coffee)'의 대명사로 알려진 곳이다.

콜롬비아 커피는 중간 정도의 바디감에 과하지 않은 활기찬 산도, 절제된 과일향으로 생동감이 있으면서 균형 잡힌 부드러움을 특징으로 한다.

표 3-8 콜롬비아 재배 지역의 특징

구분	특징		
주요 재배 지역	중앙 산악 지역인 마니살레스(Manizales), 아르메니아(Armenia), 메델린(Medellin), 남동부의 나리뇨(Nariño), 포포얀(Popoyan), 후일라(Huila) 등		
품종	버번, 타이피카, 카투라, 마라고지페		
수확	• 50% 이상 : 10~2월 • 20% 이상 : 4~6월		
가공	워시드	포장단위(1bag)	70kg
분류기준 (생두의 크기에 따라)	• 수프리모(supremo) : 스크린 사이즈 17 이상(6.75mm 이상) • 엑셀소(excelso) : 스크린 사이즈 14~16(5.5~6.5mm)		

6) 예멘 Yemen

세계에서 가장 전통적인 방법으로 커피를 생산하고 있으며 '모카 커피(Mocha coffee)'의 원산지이다. 가내수공업 방식으로 커피를 가공하고 여전히 맷돌을 이용하고 있다. 이 때문에 생두의 모양이 들쭉날쭉한 경우가 많으나 맛에 직접적인 영향은 없는 것으로 알려져 있다. 대부분 유기농으로 생산되지만 인증되지 않은 것이 많다.

그림 3-10 | 예멘의 생두 주요 생산지

풍부한 맛과 꽉 찬 바디감으로 사랑받고 있으며, 특히 깊은 초콜릿향과 부드러운 쓴맛, 단맛이 어우러진 맛을 낸다.

표 3-9 예멘 재배 지역의 특징

구분	특징		
주요 재배 지역	마타리(Mattari), 하라즈(Haraz), 사나(Sana'a) 등		
품종	타이피카, 버번		
수확	• 주로 10~12월 • 간혹 4~5월		
가공	내추럴	포장단위(1bag)	• 예전 : 85kg • 현재 : 60kg
분류기준 (결점두의 수에 따라)	• Matari : 1등급 • Sharka : 2등급 • Sanani : 3등급		

7) 에티오피아 Ethiopia

커피가 유래된 곳으로 알려져 있으며, 예멘과 마찬가지로 전통적인 기술이 잘 보존되고 있다.

매우 복잡한 맛의 커피를 생산하는데, 하나의 꽃다발(buquet)이라 표현될 정도로 아름답고 매력적인 맛과 향이 어우러져 있다. 특유의 과일향과 꽃향으로 비전문가들 역시 쉽게 커피를 접하도록 도와준다.

그림 3–11 | 에티오피아의 생두 주요 생산지

표 3–10 에티오피아 재배 지역의 특징

구분	특징		
주요 재배 지역	• 남서부 : 김비(Gimbi), 리무(Limu) 등 • 남부 : 시다모(Sidamo), 이르가체페(Yirgacheffe) • 동부 : 하레르(Harer)		
품종	아라비카		
수확	• 내추럴 : 10~3월 • 워시드 : 7월 말~12월		
가공	내추럴, 워시드	포장단위(1bag)	60kg
분류기준 (결점두의 수에 따라, 300g당)	• G1 : 0~3개 • G2 : 4~12개 • G3 : 13~25개 • G4 : 20~45개		

8) 케냐 Kenya

케냐는 커피 재배의 이상적인 자연조건과 정부 산하기관인 케냐커피이사회(CBK : Coffee Board of Kenya)의 적극적인 지원, 케냐커피수출입협회(KCTA : Kenya Coffee Traders Association)의 합리적인 케냐 커피 경매 시스템을 바탕으로 고품질의 커피를 생산, 공급하고 있다.

케냐 커피는 묵직한 바디감과 열대 과일에서 느껴지는 상큼한 신맛, 쓴맛의 균형이 일품이다.

그림 3-12 ｜ 케냐의 생두 주요 생산지

표 3-11 케냐 재배 지역의 특징

구분	특징		
주요 재배 지역	케냐 산(Mt. Kenya) 고원 지역, 엘곤 산(Mt. Elgon) 지역, 나쿠루(Nakuru) 동부 지역		
품종	버번, 켄트, SL28, SL34		
수확	• 60% 정도는 10~12월 • 부차적으로 6~8월		
가공	워시드	포장단위(1bag)	60kg
분류기준 (생두의 크기에 따라, 300g당)	• AA : 스크린 사이즈 17~18(7.2mm) • AB : 스크린 사이즈 15~16(6.6mm) • PB : 피베리		

9) 탄자니아 Tanzania

탄자니아는 케냐 국경 근처에 있는 킬리만자로와 메루(Meru) 산의 경계에서 커피를 재배한다. 킬리만자로 산 커피는 보통 킬리만자로, 모시(Moshi)로, 메루 산 커피는 아루사(Arusha)로 표시되는데, 각각 주요 도시와 수송지로부터 유래한 것이다.

그림 3-13 | 탄자니아의 생두 주요 생산지

탄자니아 커피는 와인에서 느껴지는 신맛과 인상적인 과일향을 지니고 있다.

표 3-12 탄자니아 재배 지역의 특징

구분	특징		
주요 재배 지역	킬리만자로 산 화산지대의 모시(Moshi), 탕가니카(Tanganyika) 호수, 니아사(Nyasa) 호수 등		
품종	버번, 켄트, 블루마운틴, 타이피카, 니아라		
수확	• 아라비카 : 12~4월 • 로브스타 : 6~12월		
가공	내추럴, 워시드	포장단위(1bag)	60kg
분류기준 (생두의 크기에 따라)	AA : 스크린 사이즈 17~18		

10) 인도 India

지형적 조건의 특이점 때문에 특별한 농경 기술이 등장했고, 이에 따라 커피 역시 독특한 특색을 보인다. 로부스타와 혼합된 종을 재배하여 19세기 후반 녹병의 영향을 받지 않을 수 있었다.

전반적으로 좋은 바디와 산도를 지니고 있어 로스팅 범위도 넓고 훌륭한 블렌드 재료가 된다. 특수한 방식으로 제작되는 몬순 커피(Monsooned Coffee)가 생산된다.

그림 3–14 ǀ 인도의 생두 주요 생산지

표 3–13 인도 재배 지역의 특징

구분	특징		
주요 재배 지역	남부 지방 고지대의 마이소르(Mysore), 말라바르(Malabar), 마드라스(Madras) 등		
품종	켄트, 로부스타		
수확	• 아라비카 : 11~2월 • 로부스타 : 1~3월		
가공	내추럴, 워시드	포장단위(1bag)	• 일반 : 60kg • 말라바 : 50kg(300g당)
분류기준 (생두의 크기에 따라)	• 내추럴 아라비카 : Cherry AB(스크린 사이즈 15), Cherry PB • 워시드 아라비카 : Plantation A(스크린 사이즈 17), Plantation B (스크린 사이즈 15)		

tip

몬순 커피

과거 인도에서 유럽으로 커피가 수송되는 기간(보통 6개월) 동안 높은 습도에 노출된 커피는 녹색에서 황색으로 변하고 독특한 풍미가 생겨나게 되었다. 현대에는 수송과 저장기술의 발달로, 변해버린 커피는 찾기 힘들게 되었지만 소비자들은 특유의 맛을 그리워했고, 인도에서는 3월과 6월에 불어오는 남서계절풍을 이용하여 몬순 커피(Monsooned Coffee)를 생산하기 시작했다.

먼저 내추럴 가공된 커피를 12~20cm 깊이로 깔아두고 4~5일간 창고의 문을 열어둔 채 보관한다. 이 과정에서 커피는 축축한 공기에 노출되기도 한다. 이후, 커피를 황마포에 느슨하게 담고, 계절풍(monsoon)이 지나들 수 있도록 저장한 후 일주일에 한 번씩 위치를 변경해 준다. 이렇게 6~7주가 지나면 생두가 부풀고 노란색으로 변하며 신맛이 적고 달콤함과 특유의 풍미를 지닌 몬순 커피가 된다. 분류하고 선별 후 벌레가 생기지 않도록 살짝 훈증한 후 수출한다. 몬순 커피는 10월부터 2월에 유럽으로 수출 가능한 상태가 된다.

몬순 말라바와 일반 생두

인도 커피 농장

11) 인도네시아 Indonesia

인도네시아는 커피 재배에 이상적인 지형을 갖고 있으며 병충해에 강한 로부스타 종을 주로 재배하고 있다. 소량으로 재배되는 아라비카종인 만델링과 코피 루악(Kopi Luwak)의 산지로 널리 알려져 있다.

인도네시아 만델링 커피는 묵직하면서 여운이 남는 바디감과 강한 쓴맛 끝에 느껴지는 달콤함이 매력적이다.

그림 3-15 | 인도네시아의 생두 주요 생산지

표 3-14 인도네시아 재배 지역의 특징

구분	특징		
주요 재배 지역	수마트라(Sumatra) 섬의 린통(Lintong), 만델링(Mandheling), 아체(Aceh), 가요 산(Mt. Gayo), 술라웨시(Sulawesi or Calebes) 섬의 토라자칼로시(Toraja Kalossi), 자바(Java) 섬		
품 종	카티모르, 로부스타		
수 확	• 북부 : 12~3월 • 남부 : 5~9월		
가 공	내추럴	포장단위(1bag)	60kg
분류기준 (결점두의 수에 따라)	G1~G6 • G1 : 11개 • G2 : 12~25개		

tip

코피 루악(Kopi Luwak)

루악 커피는 인도네시아의 대표적인 커피로 사향고양이 루악(Luwak)의 배설물 속에 커피 씨앗을 채취하여 깨끗이 씻은 후 볶아낸 커피다. 인도네시아 사향고양이는 잘 익고 품질이 좋은 커피체리를 주식으로 한다. 사향고양이의 위장에서 소화과정을 거쳐 밖으로 배설된 커피 씨앗은 소화기관을 거치게 되므로 특유의 독특한 맛과 향을 지니게 된다.

희귀성 때문에 세계적으로 가장 비싼 커피로 유명하다.

사향고양이

사향고향이 배설물

12) 하와이 Hawaii

하와이는 재배에 적당한 특수한 기후와 다른 품종과 교배를 금지하는 정부의 엄격한 관리로, 하와이 섬의 코나(Kona) 커피로 대표되는 고품질 커피의 명성을 이어가고 있다.

하와이 코나 커피는 감귤류의 이국적인 향과 적당한 산미, 부드러운 맛을 지니고 있다.

그림 3-16 | 하와이의 생두 주요 생산지

표 3-15 하와이 재배 지역의 특징

구분	특징		
주요 재배 지역	하와이 섬 코나(Hawaii Kona), 마우이(Maui) 섬의 카나팔리(Kaanapali), 몰로카이(Molokai) 섬의 말루라니(Malulani), 카우아이(Kauai) 섬의 카우아이(Kauai)		
품 종	타이피카		
수 확	9~3월		
가 공	워시드	포장단위(1bag)	45.3kg
분류기준 (생두 크기와 결점두의 수에 따라, 300g당)	• Kona Extra Fancy : 스크린 사이즈 19, 결점두 10개 이내 • Kona Fancy : 스크린 사이즈 18, 결점두 16개 이내		

Chapter | 04

커피콩 볶기, 로스팅

Chapter | 04

커피콩 볶기, 로스팅

1. 로스팅의 기초

1) 로스팅이란?

커피체리에서 얻어진 생두는 커피를 마실 때 느낄 수 있는 향기로운 커피 향과 다양한 커피 맛을 가지고 있지 않다. 생두 자체는 매력이 없지만 로스팅 과정을 거치고 나면 비로소 각각의 생두가 숨기고 있던 맛과 향이 표현되기 시작한다. 즉, 로스팅이란 생두가 가지고 있는 특징을 다양하고 세밀하게 표현하는 과정을 의미한다.

따라서 로스팅된 결과에 만족하기 위해선 산지별 생두의 특징과 상태를 정확히 알아야 한다.

2) 로스팅 방식

현재 가장 많이 사용하는 로스팅 방식은 직화 방식, 반열풍 방식, 열풍 방식으로 나뉘어진다. 로스팅 방식은 직화식의 형태에서 반열풍식으로 변해가고 있으며 향후 열풍식으로 변해갈 거라 예상된다. 이는 직화 방식보다는 열풍 방식이 보다 안정적인 결과를 얻을 수 있기 때문이다. 로스팅 방식은 각각 장 · 단점을 가지고 있기 때문에 어떤

tip

생두의 맛과 향이 다른 이유

- **재배하는 생산지가 광범위하다**
  적도를 중심으로 북위 25~남위 25° 에서만 자라는 열대식물로 약 60여 개국 이상에서 재배된다.
- **재배방식이 다르다**
  산지에 따라 태양을 가리지 않고 직접재배하는 방법이 있고(sun-shine방식) 나무를 이용해서 그늘재배하는 방법(shadow-tree 방식), 자연의 혜택을 받아서 구름이나 안개가 그늘을 만들어 주는(cloud-pattern 방식) 방법 등이 있다.
- **품종을 다양하게 키우기 때문이다**
  아라비카 품종은 매우 다양하며 품종에 따라 맛과 향이 다르다(예 : 브라질에서는 타이피카, 버번, 카투라, 문도노보, 카투아이 등을 재배하고 있다).
- **산지별 기후조건이 다르다**
  커피를 재배하는 나라에 따라 평균기온, 강우량, 토양의 성분, 일조량 등이 다르기 때문이다.
- **수확하는 방법에 따라 다르다**
  대부분 핸드피킹(hand picking) 방법을 사용하며 브라질과 일부 산지에서는 기계(strip-pick)를 이용하여 대량수확을 한다.
- **체리를 가공하고 건조하는 방법이 다양하다**
  커피를 가공, 건조하는 방법은 농장에 따라 다양한 방법을 사용한다. 대표적인 방법으론 내추럴(natural), 워시드(washed), 세미 워시드(semi washed), 펄프드 내추럴(pulped-natural) 등이 있다(예 : 가공방법에 따라 단맛의 정도 차이 = 내추럴 > 펄프드 내추럴 > 세미 워시드 > 워시드)
- **재배고도와 등급의 기준이 다르다**
  체리는 높은 곳(이상적인 재배고도는 1,500~2,000m)에서 재배가 되면 낮과 밤의 기온 차이로 인해 체리가 수축, 이완작용을 반복함으로써 고급스러운 신맛과 풍부한 향을 지니게 된다.
- **생두의 수분 함량이 다르다**
  생두는 건조 방법에 따라 수분 함유량이 조금은 다르나 기계를 이용하여 건조시킨 생두가 비교적 수분 함량이 일정한 편이며 생두는 농작물이므로 수확한 후 시간이 지날수록 수분이 증발하여 줄어들게 된다.
- **수확된 연수에 따라 다르다**
  갓 수확된 생두는 약간의 숙성기간이 지나면 포장하여 판매되는데, 수확한지 1년이 안 된 생두일수록 커피 고유의 향과 맛을 더 많이 가지고 있기 때문이다.
- **보관 방법에 따라 맛과 향의 유지기간이 다르다**
  생두는 일정한 온도와 습도가 유지되면 신선한 상태를 오랫동안 유지할 수 있다.

방식이 좋다고 단정하지 말고 자신이 여러 방식의 로스터를 사용하여 얻은 경험을 통해 선택하는 것이 가장 좋은 방법이라고 할 수 있다.

직화 방식

반열풍 방식, 열풍 방식과 다른 점은 드럼 겉면에 일정한 간격으로 구멍이 나 있으며 드럼 밑 버너에서 공급되는 열량이 드럼에 뚫린 구멍을 통해 100% 전달되는 방식을 말한다.

장 점

- 드럼 내부의 예열시간이 짧다.
- 개성적인 커피 맛과 향을 표현할 수 있다.
- 생두의 특징에 맞게 다양한 로스팅 방법이 가능하다.

단 점

- 열량조절이 어렵다(열량손실이 발생).
- 균일한 로스팅이 어렵다.
- 커피를 태울 수 있다.
- 혼합 블렌딩이 반열풍 방식에 비해 어렵다.
- 외부환경에 영향을 많이 받는다.

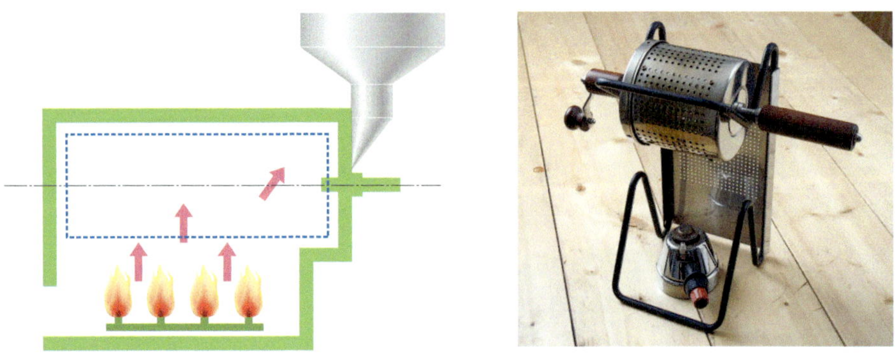

그림 4–1 ㅣ 직화식 로스터기

반열풍 방식

직화 방식과는 달리 드럼 표면에 구멍이 뚫려 있지 않으며 드럼 뒷면에 일정한 간격으로 구멍이 뚫려 있다.

일반적으로 공급되는 열량전달이 드럼 표면으로 약 40% 정도 전달되며 나머지 60%는 드럼 뒷면을 통해 열풍으로 전달되는 방식이다. 현재 소형 로스터(shop roaster) 중 가장 많이 사용하는 방법으로 알려져 있다.

장 점

- 드럼 내부로 공급된 열량의 손실이 적다.
- 균일한 로스팅을 할 수 있다.
- 혼합 블렌딩이 가능하다.
- 원두 내부의 팽창이 쉽다.
- 안정적인 커피 맛을 얻을 수 있다.

단 점

- 드럼 내부의 예열시간이 직화 방식에 비해 길다.
- 개성적인 커피 맛을 표현하기가 직화 방식보다는 어렵다.
- 고온 로스팅 시 풋향과 비릿한 맛이 나타날 수 있다.
- 저온 로스팅이 어렵다.

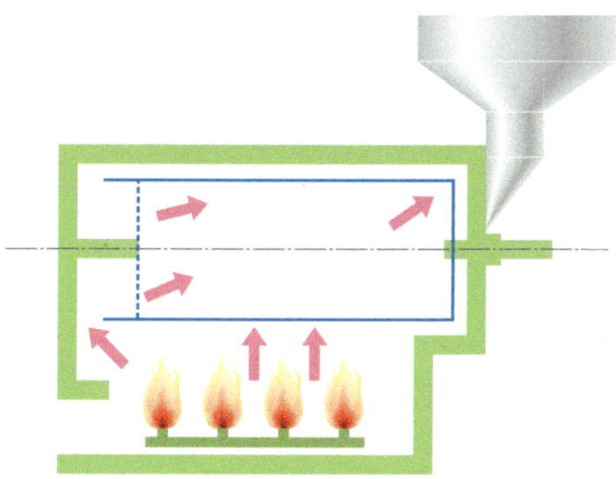

그림 4-2 ∣ 반열풍식 로스터기

열풍 방식

반열풍 방식보다 더욱더 안정적인 커피 맛과 향을 표현할 수 있는 방식이다. 직화 방식과 반열풍 방식은 드럼 아래 부분에 버너가 위치하고 있으나 열풍 방식은 드럼 뒷부분에 위치하여 열풍으로만 드럼 내부에 열을 전달하는 방식을 말한다.

장 점

- 가장 안정적인 커피 맛과 향을 유지할 수 있다.
- 로스팅 타임이 짧아 생산성 향상에 유리하다.
- 원두 표면을 태울 수 있는 확률이 직화 방식보다는 적다.
- 공급되는 열량 손실이 가장 적은 방식이다.

단 점

- 드럼 내부의 예열시간이 가장 길다.
- 저온 로스팅이 어렵다.
- 개성적인 표현에 한계가 있다.

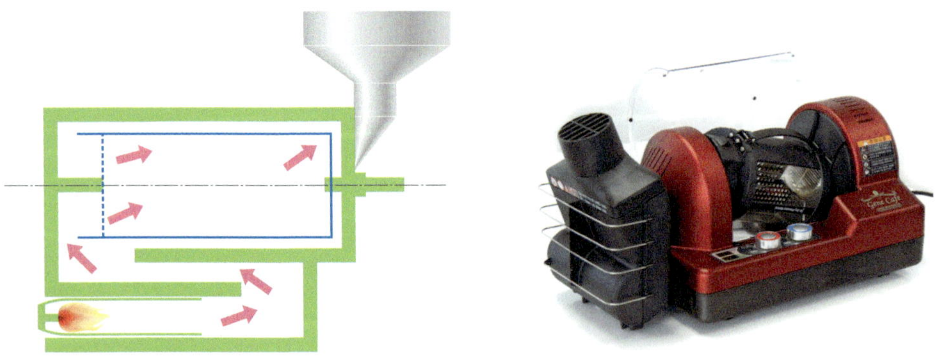

그림 4-3 | 열풍식 로스터기

2. 로스팅 실전

로스터는 로스팅을 하기 전에 볶을 생두의 특징을 올바르게 평가할 줄 알아야 한다. 생두를 잘못 평가하면 로스팅 방법에 따라 전혀 엉뚱한 결과가 나타나기 때문이다. 다양한 방법의 평가기준이 있으나 꼭 알아두어야 할 항목을 다음과 같이 정리하였다 .

1) 로스팅 시 꼭 알아두어야 할 사항

로스팅하기 전 핸드픽은 필수사항이다

생두는 산지환경과 가공시설, 분류방법에 따라 결점두(defect beans)가 발생하게 되며 이 결점두의 많고 적음 또는 결점두의 종류에 따라 전체 커피의 맛과 향에 큰 영향을 준다.

그림 4-4 ㅣ 핸드픽하는 모습

그러므로 로스팅하기 전 결점두를 골라내는 과정은 절대적으로 필요하다.

건조가 끝난 생두에서 발견할 수 있는 결점두는 다양한 종류가 있다. 결점두의 종류에 따라 커피의 맛과 향에 영향을 주기도 하고 영향을 주지 않기도 한다. 따라서 결점두를 골라내는 핸드픽(hand pick) 과정은 로스팅하기 전 꼭 해야 할 사항이다.

커피 맛에 영향을 미치는 대표적인 결점두

- 블랙 빈(black bean) : 쓴맛, 매운맛, 발효된 맛
- 과발효두(sour bean) : 시큼한 신맛, 쓰고 떫은맛
- 미성숙두(unripe bean) : 떫고 아린 맛
- 벌레 먹은 두(insect damaged bean) : 입 안에 오랫동안 남는 쓴맛, 타르맛

커피 맛에 영향을 미치지 않는 결점두

- 돌, 나뭇가지(stones & twigs)
- 파치먼트 빈(parchment bean)
- 화이트 빈(white bean)

커피품종을 구분할 줄 알아야 한다

아라비카 품종은 다양한 맛과 향을 지니고 있어서 품종에 대한 구분이 가능하다면 품종의 특징에 맞게 표현할 수 있으므로 보다 나은 결과를 얻을 수 있다.

다음은 대표적인 품종에 대한 맛과 향의 특징을 정리한 내용이다. 단, 각 품종별 공통적인 특징은 산지에 따라 약간씩 다르게 나타날 수 있다.

- 타이피카(Typica) : 풍부한 아로마와 깔끔한 신맛을 가지고 있다.
- 버번(Bourbon) : 맛과 향의 균형감이 있고 바디감이 느껴진다.
- 카투라(Caturra) : 과일에 가까운 상큼한 신맛과 중간 정도의 바디감을 가진 품종이다.
- 문도노보(Mundo-novo) : 아로마는 약한 편이며 부드러운 커피 맛을 가진 품종이다.
- 카투아이(Catuai) : 아로마는 약하며 부드러우나 뒷맛이 씁쓸한 단점이 있다.

수확연수를 알아야 한다

그림 4-5 | 뉴크롭

뉴크롭 new-crop

수확한지 1년이 안 된 생두를 말한다.

- 컬러(color) : 블루그린(blue green), 그린(green)
- 향기(aroma) : 풋향과 매운향이 강하게 난다.

그림 4-6 | 패스트크롭

패스트크롭 past-crop

수확한지 1년에서 2년 정도 된 생두를 말한다.

- 컬러(color) : 옅은 그린(light green)
- 향기(aroma) : 건초향(마른 풀냄새)

그림 4-7 | 올드크롭

올드크롭 old-crop

수확한지 2년이 지난 생두를 말한다.

- 컬러(color) : 흰색(white) 또는 옅은 노란색(light yellow)
- 향기(aroma) : 매운향, 무향

수확한지 1년이 안 된 뉴크롭 생두는 커피 본래의 맛과 향을 잘 간직하고 있으며 수확한 지 오래된 생두일수록 맛과 향이 많이 떨어져 있다. 따라서 로스터는 가능한 한 뉴크롭을 선호해야 하며 수확한 시점에 맞게 투입온도와 화력을 조절해야 한다.

표 4-1 생두의 수확연수별 특징

수확연수	컬 러	수분 함량	생두 향	투입 온도
뉴크롭	블루그린~그린	13% 이하	풋향+매운향	높게
패스트크롭	그린~옅은 그린	10%	건초향	200℃ 기준
올드크롭	옅은 그린~옐로	7% 이하	매운향, 무향	낮게

가공 방법을 알아야 한다

앞에서 언급했듯이 커피체리는 가공 건조 방법에 따라 같은 품종의 커피라도 다른 맛과 향으로 나타난다. 따라서 로스터가 생두를 보고 체크할 수 있다면 가공 방법에 맞는 맛과 향의 표현이 가능하다. 예를 들면, 같은 농장에서 재배된 체리를 가공시점을 동일하게 맞춘 후 4가지 가공 건조 방법을 통해 얻어진 생두를 로스팅하여 각 건조 방법에 따른 맛과 향을 비교해 보면 다음과 같은 결과를 얻을 수 있다.

단맛의 정도

내추럴 건조커피 > 펄프드 내추럴 건조커피 > 세미 워시드 가공커피 > 워시드 건조커피

신맛의 정도

워시드 건조커피 > 세미 워시드 건조커피 > 펄프드 내추럴 건조커피 > 내추럴 건조커피

생두의 조밀도를 알아야 한다

생두의 조밀도란 생두조직의 단단함 정도를 의미하며 이는 커피 종자와 재배고도에 따라 다르게 나타난다. 생두 조밀도는 로스팅 시 중요한 판단조건 중 하나인데, 초기 투입온도의 설정과 가스압력의 정도(공급화력의 세기), 로스팅 방법의 차이에 기준점이 되기 때문이다.

2) 로스팅 그래프의 이해

일반적인 로스팅 그래프는 그림 4-8과 같은 형태를 가지고 있다. 가장 보편화된 그래프이며 로스팅 과정을 이해하기 위해서는 이와 같은 그래프를 정확히 알고 있어야 한다.

투입온도

생두의 특징에 따라 투입온도는 달라진다.

- 뉴크롭 > 패스트크롭 > 올드크롭 순으로 투입온도가 높다.
- 조밀도 강 > 조밀도 중 > 조밀도 약 순으로 투입온도가 높다.

tip

조밀도의 차이

- **재배고도 : 고지대 > 저지대**

  고지대에서 재배된 생두가 저지대에서 재배된 생두보다 단단한 이유는 고지대에서 재배되는 체리는 일교차로 낮이 되면 체리가 늘어나고(이완작용) 밤이 되면 체리가 줄어드는(수축작용) 현상을 반복함으로써 더 단단해지고 좋은 신맛과 깊은 향을 가지게 되는 것이다.

  따라서 조밀도가 강한 생두는 약한 생두보다 생두의 조직을 활성화시키기 위해서 강한 화력이 필요한 것이다.

- **품종별 차이**

  조밀도는 커피품종에 따라 단단한 품종이 있고 무른 품종이 있다. 일반적으로 타이피카종은 조밀도가 매우 약한 종자로 로스팅 시 화력조절에 각별히 신경을 써야 한다. 달리 말하면 생두의 조밀도가 무르다는 것은 로스팅 중 공급하는 화력이 생두조직의 중심부분까지 열량이 빨리 공급되어 원두조직의 팽창이 쉽게 이루어지므로 로스팅이 쉽다고 표현하기도 한다. 그러나 무른 조직의 생두는 순간의 방심으로 커피를 태울 수 있는 단점을 가지고 있다. 이에 비해 카티모르종, 카네포라종은 비교적 조밀도가 강한 품종에 속하는 종으로 조밀도가 약한 품종에 비해 강한 화력을 필요로 한다. 로스팅 과정을 비교해 보면 조밀도가 강한 커피는 1차 크랙소리가 매우 작게 들리는데, 이는 로스팅 과정 중 흡열과정(생두 투입 후 1차 크랙 전 단계)이 다른 커피보다 길다는 것을 의미한다. 즉, 원두의 조직이 단단하면 공급하는 열량이 생두 조직의 중심 부분까지 도달하는 시간이 많이 걸린다는 것이다.

  일반적으로 품종에 따라 조밀도의 정도를 정리해 보면 다음과 같다(단, 모든 품종이 고지대에서 재배되었다는 동일한 조건에서 평가한 것이다).

  타이피카 → 버번 → 문도노보 → 파카스 → 카투라 → 카티모르 → 카네포라

- 일반적으로 200℃를 기준으로 생두에 따라 투입온도를 높게 또는 낮게 정하여 투입한다.

중 점

설정된 투입온도에 도달했을 때 생두를 드럼 안으로 투입을 하면 드럼 내부의 온도는 떨어지게 된다. 떨어지는 온도는 일정시간이 지나면 멈추게 되는데, 이 시점을 온도의 중점이라 부른다. 로스팅 초기 단계에서 중점은 전체 커피의 맛과 향을 결정짓는 중요한 포인트이므로 정확히 체크하는 습관이 필요하다. 커피의 품종에 따라, 커피가 수확된 연수에 따라, 커피 가공 방법에 따라, 커피의 조밀도에 따라, 커피의 수분 함량에 따라, 커피 투입량에 따라서 온도의 중점은 조금씩 달라질 수 있으므로 정확한 체크가 필수이다. 커피를 볶는 방식 중 직화 방식은 반열풍 방식이나, 열풍 방식보다 중점의 변화가 심한 편이다. 이는 외부환경의 영향을 많이 받기 때문이다. 즉, 로스팅하는 시점의 날씨에 따라 드럼 내부의 공기흐름이 달라진다.

전환점

중점에서 멈춘 드럼온도는 조금 후 온도가 상승하기 시작한다. 이때를 전환점이라 부르며 이 시점부터 온도는 서서히 상승하여 로스팅을 끝마칠 때까지 계속 상승한다. 전환점 또한 중점과 같이 연결지어서 생각한다면 커피의 맛과 향을 유지하는 과정에서 중요한 포인트가 될 것이다.

흡열반응

예열이 끝난 후 설정된 투입온도에 생두를 투입하면 로스팅이 진행된다. 이때 드럼 내부에 투입된 생두는 1차 크랙이 나기 전까지 많은 열량을 필요로 하기 때문에 필요한 열량만큼 충분히 공급을 하여야 한다. 만약 너무 많은 화력을 공급하면 드럼 내부는

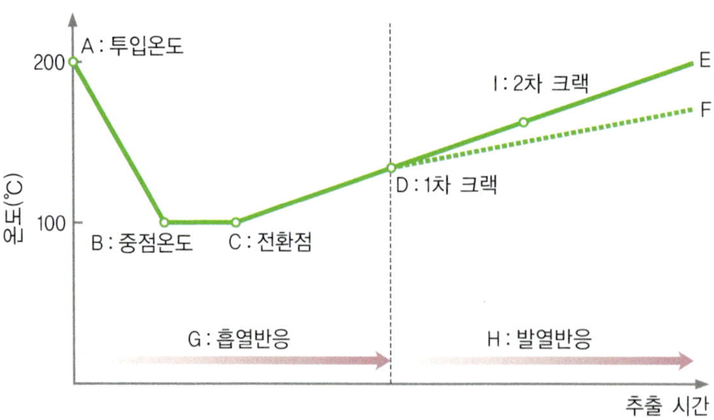

그림 4-8 | 로스팅 과정

과열될 수 있으므로 주의하여야 한다. 반대로 열량을 부족하게 공급하면 생두조직이 팽창되지 않아서 원하는 커피 맛과 향을 기대하기 어렵다.

발열반응

흡열반응이 끝난 후 1차 크랙이 시작되는 시점을 발열반응이라 하며 이때 원두조직은 팽창하기 시작한다.

1차 크랙과 2차 크랙

흡열반응을 마친 원두조직은 서서히 팽창되기 시작한다. 원두의 내부조직은 다공질로 이루어져 있어서 공급한 열량에 따라 원두조직이 팽창되기 시작한다. 이때 나는 소리를 크랙소리라 하는데, 이는 원두를 구성하고 있는 많은 구멍들이 팽창하는 소리를 말한다. 이 시점은 원두 내부의 열량이 원두 외부로 발산하는 과정을 의미한다. 이를 발열반응이라고 이야기한다. 발열반응이 일어나기 시작하면 흡열반응 때 주었던 화력보다 약하게 줄여야 한다. 화력을 줄일 때는 드럼 내부의 온도가 떨어지지 않게 주의한다.

- E부분은 1차 크랙이 일어난 후 화력 조절을 하지 않은 경우 온도의 변화를(그래프의 변화) 나타낸 그래프이다.
- F부분은 1차 크랙이 일어난 후 화력 조절을 한 경우 온도의 변화를 나타낸 그래프이다.

3) 로스팅 과정 중 나타나는 변화

로스팅 과정 중 나타나는 변화를 크게 5가지로 분류할 수 있다.

컬러의 변화

그린색을 가진 생두는 로스팅이 시작되면서 컬러의 변화가 일어나게 된다. 로스팅이 시작되면서 하얀색으로 먼저 변하며 생두의 수분이 증발하기 시작한다. 하얀색 생두는 노란색으로 변하면서 점점 짙은 노란색으로 바뀌게 되며 곧 옅은 브라운에서 짙은 브라운, 다크브라운으로 변화된다.

향의 변화

신선한 생두 상태의 향은 맵고 풋향이 강하게 나며 오래된 생두는 향이 전혀나지 않는다. 이런 생두는 로스팅이 시작되면서 몇 번의 향의 변화 과정을 거치게 된다. 생두의 컬러가 하얀색으로 변하는 순간 생두의 향은 비릿하게 변하고 점점 줄어들면서 노란색으로 변하며 달콤한 단향을 발산하게 된다. 오븐에 쿠키 또는 빵을 굽는 듯한 달콤한 향, 건과류(땅콩, 아몬드 등)를 볶는 듯한 향, 설탕을 졸일 때 느낄 수 있는 캐러멜향 등을 느낄 수 있다. 노란색을 거친 후 브라운 단계로 변하는데, 이때는 코끝을 자극하는 강한 신향으로 또 한 번 변화된다. 그 후 짙은 브라운으로 진행될 땐 커피가 가지고 있는 고유향이 나타나기 시작하며 다크브라운 단계까지 진행되면 커피 본래의 좋은 향은 모두 사라지고 탄 향만 강하게 느끼게 된다. 생두에서 느끼는 단순한 향에서부터 로스팅 과정을 통해 변화무쌍한 향을 느끼게 해주는 이것은 커피만의 매력이다.

무게의 변화

생두가 가지고 있는 수분은 로스팅이 진행되면서 증발하기 시작하며 로스팅이 더 진행되면 수분은 점점 많이 증발하게 된다. 로스팅한 결과물을 비교해 보면 약한 볶음의 커피보다 강한 볶음의 커피가 훨씬 가볍게 느껴지는 이유가 이 때문이다. 볶음도에 따라 수분의 함량 변화를 정리해 보면 다음과 같다.

생두 1kg을 로스팅한 경우

- 약볶음 : 850g
- 중볶음 : 800g
- 강볶음 : 700~750g 정도를 얻을 수 있다.

부피의 변화

생두 본래의 크기는 로스팅 과정을 거치면서 부피가 늘어나게 되는데, 이는 원두조직의 팽창과 관련이 있다. 약하게 볶은 커피보다 진하게 볶은 커피가 부피가 많이 늘어나 있음을 알 수 있다. 그러나 원두조직의 팽창은 2차 크랙이 진행되면서 원두표면에 커피의 기름성분이 흘러나오기 시작하면 팽창을 멈추게 된다.

표 4-2 로스팅 시의 변화

로스팅 정도	흡열단계					약 볶음	중 볶음	중강 볶음	강 볶음
로스팅 과정	초기 투입	화이트 단계	라이트 옐로	옐로	라이트 브라운	1차 크랙 시작	1차 크랙 종료	2차 크랙 시작	2차 크랙 종료
컬러의 변화	그린	화이트	라이트 옐로	옐로	라이트 브라운	미디엄 브라운		레드 브라운	레드 브라운
향의 변화	풋향, 건초향, 매운향	비릿향	단향 시작	단향 최대	단향 감소	신향 시작	신향 감소	고유향 시작	고유향 감소
무게의 변화	투입 전 생두무게와 비교했을 때					15% 감량	17% 감량	20% 감량	30% 감량
부피의 변화	투입 전 생두크기와 비교했을 때					50% 팽창	60~70% 팽창		80~90% 팽창
모양의 변화	변화 없음		원두표면 주름 발생			주름	주름 펴지기 시작	원두표면 오일 발생	비릿향

모양의 변화

조밀도가 강한 생두와 조밀도가 약한 생두를 동시에 같은 드럼에 넣고 로스팅을 할 경우 나타나는 현상이 있다.

- 수분이 10% 이상인 조밀도가 강한 커피 : 노란색으로 변하는 시점이 되면 원두의 표면은 수분이 증발하고 남은 주름이 많이 발생하는 것을 확인할 수 있다. 이때 발생한 주름은 로스팅이 진행되면서 점점 펴지기 시작해서 원두표면에 기름성분이 표출되기 전까지 완전히 펴지게 된다.
- 수분이 10% 이상인 조밀도가 약한 커피 : 노란색으로 변하는 시점에서 비교해 보면 깊은 주름은 생기지 않으며 옅고 가는 주름이 발생한다. 이는 생두의 조밀도에 따라 주름의 많고 적음이 나타나기 때문이다.

4) 수망을 이용한 로스팅 실습

수망은 가정에서 편리하게 커피를 볶을 수 있는 로스팅 기구의 일종으로 손잡이가 있는 둥근 망이다. 비교적 저렴한 가격으로 로스팅을 체험하고 즐길 수 있는 장점이 있으며, 커피를 볶는 방식은 직화식에 해당된다. 몇 가지 주의점만 잘 숙지한다면 만족할 만한 결과를 얻을 수 있다.

수망 로스팅 실습 전 준비사항

- 수망은 대, 중, 소 3가지 크기가 있으며 자신에 맞는 크기를 정하면 된다. 가능하면 큰 사이즈를 사용하는 것이 좋다. 이유는 큰 사이즈로 커피를 볶으면 작은 사이즈 수망보다는 생두의 움직임이 크기 때문에 비교적 잘 볶아진다.

약 ←

- 자신이 볶을 생두를 준비한다. 이때 생두는 볶기 쉬운 생두와 어려운 생두를 구분하여 준비해 두는 것이 좋다. 처음부터 어려운 생두로 로스팅을 하기보다는 쉬운 생두를 이용하여 볶는 과정에서 변화되는 생두의 컬러, 향의 변화, 모양의 변화 등을 체크한 다음 볶기 어려운 생두를 나중에 볶으면서 차이점을 느끼고 발견할 수 있다.
- 볶은 커피를 빨리 식힐 수 있는 소형 선풍기 또는 찬바람이 나오는 헤어드라이기를 준비한다. 볶은 커피는 뜨거운 열을 지니고 있어서 빨리 식혀주지 않으면 자신이 생각했던 로스팅 포인트보다 더 진하게 볶음이 진행되기 때문에 잘못된 결과를 얻을 수 있다.
- 기타 준비물 : 면장갑, 휴대용 가스레인지, 볶은 커피받을 체망, 나무주걱 등

중 → 강

tip

수망 로스팅 방법

- 수망 로스팅 전 준비물 : 수망, 생두, 휴대용 가스레인지, 장갑, 바구니, 주걱, 헤어드라이기
- 준비된 생두를 수망 안으로 집어넣는다(주의사항 : 수망바닥에 생두가 깔릴 정도가 적당하다).
- 휴대용 가스레인지에 점화를 한 후 수망을 좌우로 골고루 흔들어 준다(주의사항 : 수망을 상하로 움직이는 건 금물이다).
- 수망을 흔든 후 수분이 지나면 생두의 컬러가 노란색으로 변하기 시작한다.
- 노란색으로 변한 후 갈색으로 변화되면서 1차 크랙이 일어나기 시작한다.
- 1차 크랙이 일어난 후 좌우로 계속 흔들어 주면 2차 크랙이 일어나면서 원두표면에 지방성분이 나타나기 시작한다.

수망 로스팅 시 주의해야 할 사항

- 수망의 크기에 맞게 생두를 넣어야 한다. 이상적인 생두의 양은 수망 크기의 1/3 정도가 좋다.
- 가스 불과 항상 일정한 높이를 유지하여야 한다. 일반적으로 불과의 높이는 10~15cm 정도가 이상적이다. 1차 크랙이 일어나면 현재 화력보다는 1/3 정도 줄인다. 2차 크랙이 일어나면 1/3화력 기준으로 다시 1/2 정도로 줄인다.
- 로스팅이 진행되면 수망을 많이 움직여서 수망 내부에 있는 생두도 많이 움직여야만 생두가 타지 않고 골고루 잘 볶아지게 된다.
- 로스팅이 진행되면 생두에 붙어 있던 실버 스킨(은피)이 분리되기 시작하며 잘게 부수어져 떨어지게 된다. 따라서 로스팅을 위한 공간확보가 필요하며 로스팅 후 즉시 깨끗이 정리하여야 한다.

5) 로스팅 머신을 이용한 로스팅 연습

로스팅 머신의 부분 명칭 및 역할

- 호퍼 : 생두를 담아놓는 곳
- 호퍼 개폐스위치 : 드럼 내부로 생두를 투입하는 스위치
- 확인봉 : 로스팅 진행상황을 체크하는 봉
- 확인창 : 로스팅 진행상황을 체크하는 유리창문
- 드럼 개폐구 : 로스팅이 끝난 후 드럼 내부의 볶은 커피를 배출하는 역할
- 냉각판 : 로스팅 후 뜨거운 원두를 식혀주는 역할
- 댐퍼 : 드럼 내부의 공기흐름, 연기, 분리된 실버 스킨 등을 배출하는 기능
- 전원스위치 : 로스터에 전력을 공급하는 역할
- 가스압력스위치 : 드럼에 공급하는 화력을 조절하는 스위치
- 가스압력계 : 공급되는 가스압력을 나타내는 역할
- 점화스위치 : 버너에 불을 붙이는 역할
- 연통

그림 4–9 | 로스팅 머신

로스팅하기 전 알아두어야 할 사항

용 량

로스팅을 할 수 있는 기구 또는 머신의 용량을 체크하여야 한다. 3kg 로스팅 머신인 경우를 예로 들어보면 다음과 같다.

- 최대용량 : 한 번 볶을 때 최대 투입량이 3kg인 것을 말한다.
- 최소용량 : 한 번 볶을 때 최소 투입할 수 있는 양을 말한다. 즉, 최대용량 대비 50%인 1.5kg이다.
- 효율적인 용량 : 로스팅 머신을 가장 효율적으로 사용할 수 있는 적정용량을 말한다. 즉, 최대용량 대비 80%인 2.4kg이다.

예 열

수망을 이용하여 커피를 볶을 경우에는 예열시간이 필요하지 않으나 로스팅 머신을 이용할 경우에는 절대적으로 필요한 시간이다. 커피를 볶아주는 둥근 드럼을 약한 화력으로 최소한 30분 이상 가열하여야 한다. 충분히 예열된 드럼은 만족할 만한 결과를 줄 수 있으며 실제로 예열이 안 된 상태로 로스팅을 하게 되면 생두가 잘 볶아지지 않는 현상이 나타난다.

생두의 평가

생두는 품종에 따라 맛과 향의 차이가 있어서 로스터는 로스팅을 하기 전에 볶을 생두의 품종을 체크하는 것이 무엇보다도 중요한 사항이다. 생두의 품종을 구분하는 것은 어려운 과정이지만 각 품종별 모양의 특징을 알고 있으면 조금은 쉽게 구분할 수 있다. 예를 들면 다음과 같다.

- 타이피카(Typica) : 생두의 모양이 타원형으로 길며 옆면의 두께가 얇은 편이다.
- 버번(Bourbon) : 전체적으로 둥글고 고지대에서 재배된 품종이 저지대에서 재배된 품종보다 옆면의 두께가 두꺼운 편이다.
- 카투라(Caturra) : 생긴 모양은 버번종과 매우 유사하게 보이나 센터 컷 끝부분이 활

그림 4-10 | 내추럴 건조

그림 4-11 | 워시드 건조

처럼 휘어진 것이 특징이다.

이와 같이 생두는 품종에 따라 약간 다른 모양을 가지고 있으므로 생두를 많이 보고 만지고 경험한다면 그렇게 어려운 부분이 아니다. 생두의 수확연수를 뉴크롭 > 패스트크롭 > 올드크롭 순으로 체크한다. 또한 가공 방법도 다음과 같이 체크한다.

- 내추럴(natural) 건조 : 전체 생두의 색깔이 노란빛깔이며 실버 스킨 색깔은 노란색이거나 브라운색을 띠게 된다.
- 워시드(washed) 건조 : 전체 생두의 색깔은 그린이며 실버 스킨 색깔은 은색이거나 흰색이다.

로스팅 포인트 결정

원산지별 로스팅 포인트는 로스터의 기준에 따라 다를 수 있다. 그러나 분명한 것은 원산지별 커피가 가지고 있는 맛과 향을 표현하는 포인트가 있다는 것이다. 예를 들면, 맛을 표현할 것인가 또는 향을 표현할 것인가에 따라 로스팅 포인트는 달라진다. 일반적으로 향을 표현하기 위해서 로스팅 포인트는 약한 볶음을 하여야 하며 반대로 맛을 표현하기 위해선 약한 볶음보다는 조금 강한 볶음을 해야 잘 표현이 된다. 이와 반대로 로스팅 포인트를 정한다면 표현하고자 하는 맛과 향이 엉뚱하게 나타날 수 있다. 따라서 로스터는 원산지 커피를 다양한 로스팅 포인트로 볶아서 날짜가 지나면서 맛과 향의 변화가 어떻게 나타나는지를 세밀히 관찰하고 기록해 놓아야 한다. 이러한 방법으로 기록하고 정리한다면 자신만의 로스팅 포인트를 정할 수 있으며 또한 대중이 좋아하는 로스팅 포인트도 알아낼 수 있다.

원산지 커피의 맛과 향을 정확히 파악하고 정리하기 위해서는 오래된 생두보다는 수확한지 1년이 안 된 뉴크롭을 사용하는 것이 보다 유리하다.

원산지별 로스팅 포인트의 기준을 잡을 때 표 4-3과 같이 정리하여 기재한다.

로스팅 단계별 특징

로스팅 정도에 따라 커피의 맛과 향의 차이점이 뚜렷하게 나타나므로 커피의 특징에 맞게 로스팅 포인트를 정해야 한다. 표 4-4에 로스팅 정도에 따른 맛과 향의 특징을 정리하였다.

표 4-3 원산지별 커피의 로스팅 포인트(에그트론 #95~#25)○

로스팅 정도	#95	#85	#75	#65	#55	#45	#35	#25
	약한 볶음 ———		중간 볶음 ———		중강볶음 ———			강볶음
브라질 내추럴					●			
브라질 워시드			●					
예멘 모카 내추럴					●			
예멘 모카 워시드			●					
탄자니아 킬리만자로				●				
케냐 워시드						●		
코스타리카 타라주			●					
과테말라 안티구아						●		
콜롬비아 메델린/후일라						●		
콜롬비아 나리뇨/아르메니아				●				
인도네시아 토라자칼로시				●				
인도네시아 만델링							●	
하와이 코나			●					
자메이카 블루마운틴			●					

표 4-4 로스팅 단계별 특징

로스팅 단계	특 징	에그트론 분류
Very Light	옅은 갈색을 띠며 신맛이 강하고 향, 바디감은 약하다. 매우 약하게 볶은 상태를 말한다.	#95
Light	신맛이 강하고 원두의 표면은 건조한 상태이며 커피의 단점을 체크할 수 있다.	#85
Moderatery Light	신맛을 느낄 수 있으며 견과 맛(nutty)이 난다.	#75
Light Medium	신맛은 조금 약하고 바디감이 나타나는 시점이다.	#65
Medium	신맛이 거의 사라지고 더 뚜렷한 품종의 특성이 나타난다.	#55
Moderatery Dark	단맛이 강해지고 원두표면에 오일이 비친다.	#45
Dark	품종의 특징은 줄어들고 바디감을 강하게 느낄 수 있다.	#35
Very Dark	바디감과 단맛은 줄어들고 쓴맛이 강해진다.	#25

Chapter | 05

핸드드립과 그 외 다양한 커피 추출

1. 추출이란?
2. 핸드드립
3. 여러 가지 핸드드립
4. 그 외 기구를 이용한 추출

Chapter | 05

핸드드립과 그 외 다양한 커피 추출

1. 추출이란?

1) 추출의 의미와 과정

추출은 각 나라의 산지별 좋은 품질의 생두를 선별하여 생두가 지닌 각각의 품종, 생산 여건(고도/토질 등), 가공 방법, 수확연수, 수분 함량, 밀도 등을 고려하여 최상의 상태로 로스팅된 원두를 추출 방식에 따라 분쇄하여 그 커피의 특성에 따른 향미 성분을 최대로 표출해 내는 것을 말한다.

커피를 추출하는 과정은 분쇄된 커피 입자들이 뜨거운 물을 만나서 커피의 가용성 성분이 용해되는 과정에서 용출된 성분들을 물의 침지 또는 여과 방식으로 추출해 내는 것이다. 이를 간략히 표현해 보면 그림 5-1과 같다.

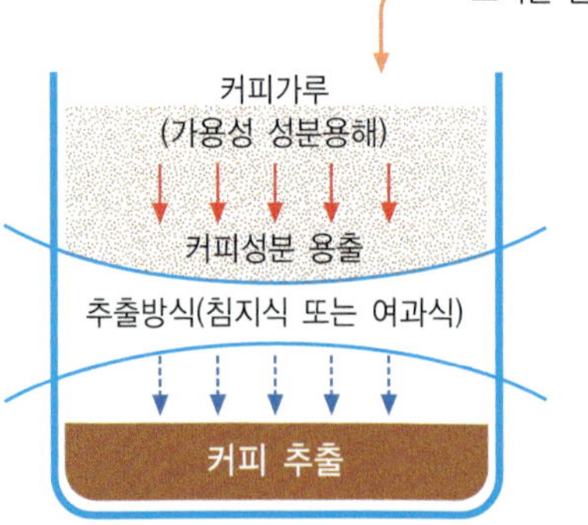

그림 5-1 | 추출 과정

따라서 추출의 의미를 고려하여, 한 잔의 커피를 추출해서 맛있게 즐기기 위해서는 ① 신선한 원두로, ② 볶은 상태를 고려해서, ③ 알맞은 분쇄로, ④ 적합한 추출 기구에, ⑤ 적절한 커피량으로, ⑥ 양질의 신선한 물, ⑦ 추출에 맞는 물 온도, ⑧ 올바른 추출 방법으로, ⑨ 추출 속도와 시간을 지켜서 커피의 추출 과정이 세심하게 이루어져야 한다.

2) 추출 기구와 방식

다양한 추출 기구

커피를 추출하는 방식은 1000여 년 전에는 원시적으로 생두를 그대로 물에 넣어 끓이는 일종의 달여 마시는 방법뿐이었지만 이후, 어느 기간을

사이폰

나폴리타나

베트남 핀드립

모카포트

이브릭

프렌치프레스

핸드드립

더치드립

그림 5-2 | 여러 가지 추출 방식의 기구

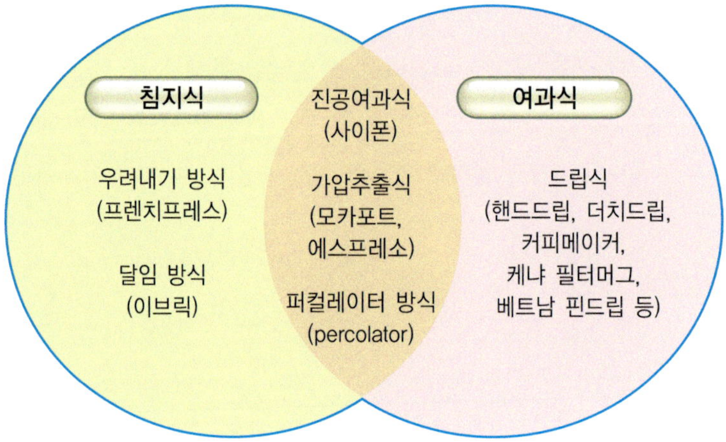

그림 5-3 | 추출 방식의 분류

지나 생두를 볶아, 분쇄하여 그대로 뜨거운 물에 담아 끓여 우려내서 마시는 일종의 터키식으로 발전되었다. 이후 20세기에 메리타 드립 방식이 고안되었으며 이를 계기로 다른 여러 나라에서 다양한 기구를 이용한 추출법이 고안되었다.

추출 방식

커피를 추출하는 방식은 크게 나누면 분쇄커피를 물에 침전시켜서 우려내는 것과 같은 '침지식' 과 분쇄커피를 여러 형태의 재질에 의한 필터에 커피가루를 물로 걸러내어 커피 성분을 뽑아내는 '여과식' (또는 투과식)으로 나눌 수 있다. 그러나 커피 추출 기구 특성상 침지식과 여과식 방식이 공유되는 형식의 커피 추출 유형도 있다. 이를 알기 쉽게 표현하면 그림 5-3과 같다.

3) 추출을 위한 준비

커피를 추출하기 위해서는 커피 원두와 물 그리고 추출 방식에 맞는 기구가 있어야 한다(표 5-1).

커피 분쇄하기

커피를 분쇄하여 커피를 추출할 때, 커피 표면적을 넓혀서 물이 용이하게 커피 층을

표 5-1 맛있는 커피를 추출하기 위한 조건

구분	내용
원두	• 원두의 적절한 신선도 • 추출에 알맞은 배전도 선택 • 적절한 분쇄(기구 특성에 따른) • 추출에 맞는 적정한 양의 원두커피
기구	• 추출에 알맞은 커피 기구 • 온도계(추출 온도 측정) • 타이머(추출 방식에 따른 추출 시간 측정)
물	• 신선한 좋은 물(50~100ppm 정도의 약경수) • 추출 기구/방법에 맞는 물의 양 사용

통과하면서 로스팅 때 생긴 가스를 뽑아내고 커피가 지니고 있는 고유의 향미를 지닌 가용성 유효 성분(오일 성분/고체 성분)을 추출하기 위해서는 기구 특성과 추출 방법에 맞게 고른 입도로 커피를 분쇄해야 한다(표 5-2).

커피를 추출하기 위해서 분쇄할 때는 다음과 같은 점에 유의한다.

- 추출 기구와 방법에 따라 분쇄를 달리한다.
- 가능한 한 미분이 없도록 고른 분쇄를 한다.
- 깨뜨리기(crushing)보다는 분쇄(grinding)하는 방법으로 해야 한다.

표 5-2 기구 특성에 맞는 커피 분쇄의 정도

분 류	미세한 커피	고운 커피	중간 커피	조금 굵은 커피
분쇄도	~0.3mm	~0.5mm	0.5~0.7mm	1.0mm~
기구 유형	에스프레소	사이폰/융	드립식	프렌치프레스
분쇄 상태				

표 5-3 분쇄 방법과 입도에 따른 향미 변화

분 류		과 정	향미 변화
방 법	분쇄하기(grinding)	균일한 커팅으로 고른 입자	유효성분 추출
	깨뜨리기(crushing)	원두 입자 파괴/과열한 상태로 진행	떫은맛/탄내
입 도	고르다	가용성 성분 빠르게 추출	맛과 향 신선 적절한 신맛 생성
	고르지 않다/가늘다	커피층 통과에 시간이 걸린다.	쓴맛과 떫은맛 생성

- 항상 커피는 추출하기 직전에 원두를 분쇄한다.

추출을 위한 물

추출된 커피에서 물은 그 커피의 맛과 향기를 결정하는 가장 주요한 요인 중에 하나이다. 그러므로 커피 추출에 사용되는 물의 상태와 종류는 매우 중요하다. 일반적으로 커피 추출을 위한 물은 이산화탄소가 다소 남아 있는 50~100ppm의 약 경수가 커피 맛을 가장 좋게 한다고 알려져 있다.

표 5-4 물의 종류에 따른 커피의 향미 변화

물 종류	추출 과정	변 화
철/동 금속 성분이 많은 물	페놀과 결합한다.	향미가 다소 손실된다.
칼슘이 포함된 경도 높은 물	유기산과 결합한다.	신맛이 손상된다.
염소가 포함된 수돗물	염소가 0.3ppm 정도 이상	향기 성분이 거의 손실된다.
철분이 많은 미네랄 생수	탄닌과 결합한다.	변질된 맛이 난다(낡은 수도관 물일 때도 동일한 현상).

tip

- 커피 추출에 좋은 물은 이산화탄소가 어느 정도 남아 있는 신선한 물이어야 하는데, 2~3번 끓여서 이산화탄소가 많이 손실된 물은 좋지 않다.
- 커피 쓴맛 성분은 연수보다는 경수에서 잘 용해된다. 마일드한 커피를 추출할 때는 연수로, 스트롱한(강한) 쓴맛을 즐기려면 경수로 추출한다.

2. 핸드드립

1) 핸드드립의 특징

커피를 분쇄하여 물로 여과시켜 추출하는 방식을 총칭한다. 이 중에서 페이퍼드립이란 최초로 독일의 메리타 벤츠 여사에 의해서 고안된 메리타 여과추출 방식이 일본에 전달되어 일본인들이 다양한 형태의 드리퍼를 고안, 커피를 추출하면서 각각의 특색 있는 커피 향미를 연구한 결과 발전한 추출 방식이다. 특히, 기계에 의존하지 않고 사람이 직접 손으로 커피에 물을 부어 추출하는 방식이라 하여 흔히들 일어적인 단어 개념으로 핸드드립이라고도 하는데, 이는 커피를 내리는 사람마다 독특한 개성적인 손맛에 커피 맛이 좌우되는 방식이기 때문이다.

2) 핸드드립의 도구

드립포트

커피에 손으로 물을 주기 위해서는 무엇보다도 물의 흐름과 속도가 안정적이어야 하므로 포트의 모양이 일반 주전자의 형태와는 많이 다르다.

물을 내리는 배출구는 S자 모양으로 마치 학의 목처럼 되었다 하여 학구라고 부르기도 한다. 배출구는 가능한 한 굵기가 적당히 가는 것이 물량을 조절하는 데 좋으며, 주전자의 재질은 스테인리스, 동, 범랑 등으로 되어 있고 각각의 재질에 따라 보온성과 가격의 장 · 단점이 있다.

그림 5-4 I 드립포트

이처럼 커피를 추출하려면 다양한 모양과 재질의 포트 중에 자신이 물을 내리는 데 편안한 손잡이와 적정한 무게(용량 700~1,500mL 정도) 그리고 실용적인 가격의 포트를 선택하는 것이 좋다.

드리퍼

그림 5-5 | 드리퍼

- 종류 및 재질 : 드리퍼는 여과지를 넣어 커피 추출 시에 다양한 모양의 드리퍼 특성을 살릴 수 있도록 각기 독특한 구조로 되어 있다. 드리퍼 재질은 보온성, 경제성, 편리성에 따라서 도자기, 플라스틱, 동 제품으로 만들어졌다.
- 리브의 역할 : 리브는 커피의 드립 추출 시에 물의 흐름을 원활하게 해주며, 추출할 때 생기는 공기와 가스의 배출을 도와서 여과지 안에 있는 커피의 성분이 원활하게 녹아나도록 도와준다. 또한 추출이 끝났을 때 커피가 뜨거운 물에 젖어 드리퍼 벽면에 밀착된 여과지를 쉽게 제거할 수

표 5-5 드리퍼의 종류

종 류	리브의 형태		추출구
메리타	위부터 아래로 되어 있다(추출구 1개).		
칼리타	위부터 촘촘하게 되어 있다(추출구 3개).		
고 노	중간부터 아래로 되어 있다(추출구 1개).		
하리오	유선형으로 되어 있다(추출구 1개).		

사진출처 : 카페 뮤제오(http://www.camu.kr)

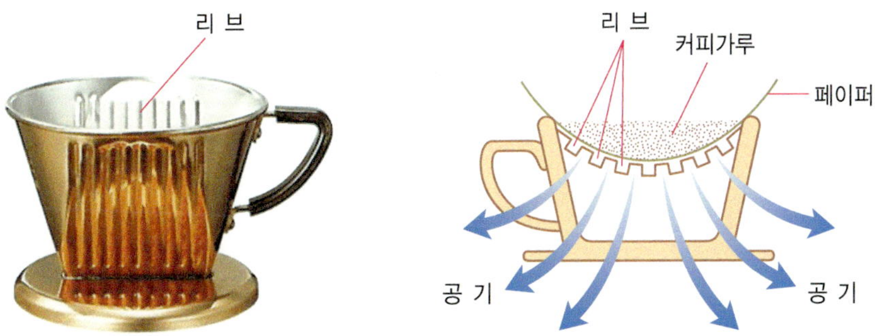

그림 5-6 | 리브의 역할

있도록 도와주는 역할도 한다. 리브는 드리퍼 특성에 맞게 리브의 개수, 모양, 길이가 다르다(표 5-5).

분쇄기

커피를 분쇄하는 형태로는 칼날이 회전하면서 분쇄하는 충격식(Impacting)과 칼날이 아닌 롤러(자동 연필깎기 모양의 원뿔타입, 상하 회전형 원형 롤리더입, 좌우 회전형의 수평타입)로 회전하는 분쇄기가 있으나, 가정에서 흔히 사용되는 것은 롤러로 되

그림 5-7 | 여러 가지 핸드밀

사진출처 : 카페 뮤제오(http://www.camu.kr)

어 있는 수동밀이나 소형 전동 그라인더를 많이 사용하고 있다.

분쇄기의 유형에 따른 분쇄 방식은 그라인더 날에 회전할 때 다소간의 열이 발생하는데, 이 열은 커피를 추출할 때 커피의 맛과 향에 심각한 영향을 줄 수도 있다. 따라서 각 추출 기구 특성에 따른 균일한 맛과 향을 좌우하는 중요한 역할을 한다.

서 버

추출한 커피를 받아내는 용도로 사용하며, 플라스틱, 유리 등의 제품이 있으나 요즘은 약한 불에는 직접 얹어 사용할 수도 있는 내열이 강화된 유리로 된 것도 있다. 용도별 사이즈는 1~2인용 기준 300cc부터 12인용 기준 1,200cc 등 크기가 다양하다.

그림 5-8 | 서 버

페이퍼 필터(여과지)

커피 추출에 필요한 여과 방식에서 분쇄한 커피 찌꺼기를 걸러내는 역할을 하는 여과지는 하얗게 표백 처리된 흰색 여과지와 누런 천연 펄프 여과지가 사용되고 있다. 표백처리에 따른 유해성, 또는 추출 시 천연펄프의 종이 냄새 등, 서로간의 장단점에 대한 다소간의 문제가 있다 하나, 최근의 탈색 기술로 보면 심각한 추출의 문제가 될 정도는 아니다.

그림 5-9 | 페이퍼 필터

기구 특성에 맞는 페이퍼를 접는 방식은 그림 5-10과 같다.

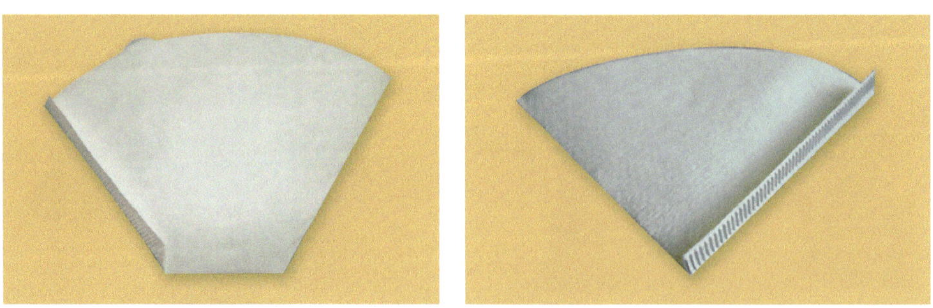

칼리타 접기 고노(하리오) 접기

그림 5-10 | 페이퍼 필터 접기

온도계와 스톱워치

커피 추출은 온도와 시간이 매우 중요하며 이들 변수에 따라 아주 다양한 맛과 향의 변화를 일으키므로 추출 시 물의 온도와 추출 시간을 지키기 위해 현재 사용되고 있는 온도계와 스톱워치는 여러 가지 유형의 다양한 제품들이 있다.

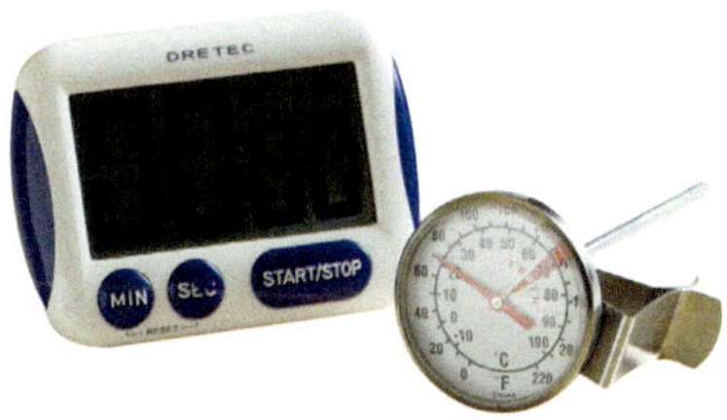

그림 5-11 | 온도계와 타이머

tip

일반적인 손으로 물을 붓는 드립 추출 시간은 2분 30초~3분 정도지만, 그 외의 기구 추출에서도 3~4분 정도에서 추출이 완료된다. 단, 에스프레소 기계 추출일 경우는 25~30초 정도에 추출한다. 커피를 추출할 때는 커피의 배전도를 고려하여 다음 표와 같이 물의 온도를 조절해야 한다.

배전도에 다른 추출 온도

배전도	온 도
#65 이상	90℃ 이상
#55~#45	91~86℃ 정도
#35 이하	85℃ 이하

주 : 에스프레소는 기계적 추출 특성상 일반적으로 강 볶음에 해당하지만 90~95℃에서 추출한다.

3) 핸드드립의 기본 요령

핸드드립의 자세

- 엇박자로 발폭을 두고 허리는 구부린다.
- 어깨나 팔에 너무 힘을 주지 않는다.
- 드립 시에 시선은 항상 물 줄기에 둔다.
- 손에 힘을 빼고 자연스럽게 드립포트를 돌린다.

그림 5-12 | 핸드드립의 자세

커피 양의 조절

일반적으로 한 잔의 커피를 추출할 때 커피가루 10g에 150cc 정도의 커피를 추출한다. 그러나 두 잔 이상 커피를 추출할 때는 커피가루를 10% 정도 줄이고 반대로 추출 커피량은 늘려야 커피를 맛있게 즐길 수 있다(표 5-6).

또한 커피 맛의 농도는 개개인의 취향에 따라 느낌이 다르지만 표 5-7처럼 농도의 강약은 여러 가지 변화 요인에 따라 많은 차이가 있다.

표 5-6 일반적인 분쇄 커피량과 추출 커피량의 관계

구 분	분쇄 커피량	추출 커피량
1인분	12~15g	150~180cc
2인분	18~23g	200~230cc
3인분	27~33g	330~350cc
4인분	36~45g	450~480cc

표 5-7 커피 농도 변화 요인

분 류	← 약하다	강하다 →
투입 커피량	적다	많다
추출 커피량	다량	소량
추출 커피입자	굵다	가늘다
볶음도	# 65 이상	# 45~# 25
추출 기구	칼리타, 메리타, 웨이브, 프렌치프레스 등	고노, 융, 이브릭, 모카포트, 에스프레소 등
추출 속도	빠르다	느리다
추출 온도	저온	고온

주 : 변화요인은 서로 일반적으로 상대적인 것으로 모든 변화요인이 동시에 필요충분조건이 되어야 하는 것은 아니다(예 : 추출 속도가 빠르고, 커피 투입량은 적어도 에스프레소 커피일 경우는 반대로 농도가 강하다).

물 붓기

- 되도록 가는 물 줄기로 시작한다(드립 중 · 후반에는 물 양으로 농도를 맞추기 위해 다소 굵어도 된다).
- 물이 끊어시지 않게 물 줄기를 일정하게 유지한다.
- 커피가루 수평면 위에 수직으로 물이 떨어지게 한다.
- 물 줄기의 높이는 가능한 한 2~3cm 정도를 유지하여 불규칙한 물의 낙차로 커피 맛의 균형을 깨뜨리지 않도록 조심한다.

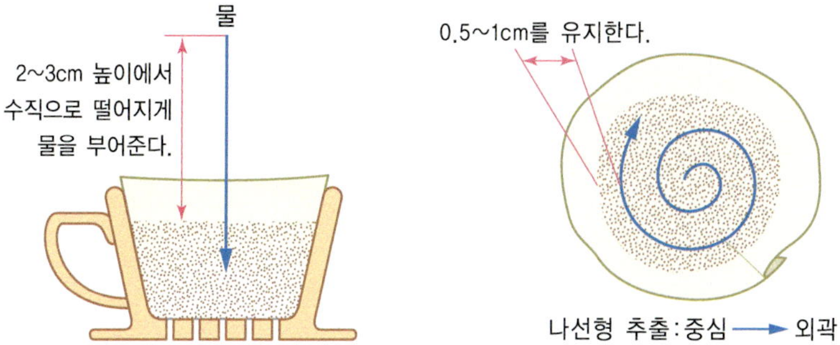

그림 5-13 | 물 붓기 방법

뜸들이기

- 점식, 8점식과 나선형 방법이 있다.
- 일반적으로 나선형을 주로 사용한다.
- 커피 전체에 고르게 물을 준다.

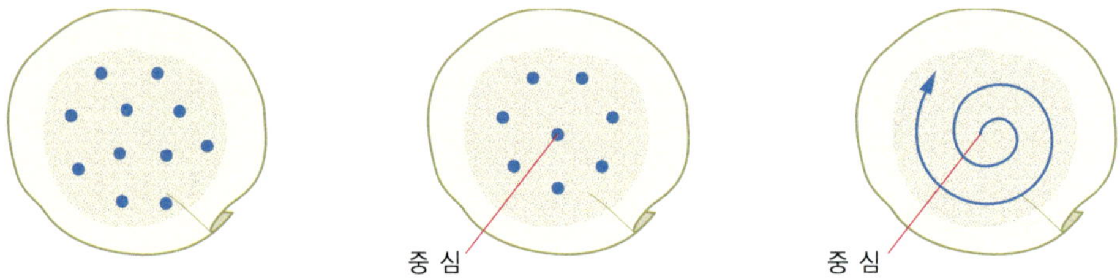

1. 커피가루 전체에 점을 찍듯 점점히 물을 붓는다.
2. 중앙에 먼저 물을 주고, 시계방향으로 12시, 2시, 4시 등에 점을 찍듯이 뜸을 준다.
3. 가장 보편적으로 사용하는 방식. 나선형(중심→외곽)으로 물을 준다.

그림 5-14 ㅣ 뜸들이기 방법

표 5-8 뜸들일 때 물의 양에 따른 향미의 변화

구분	과정	결과	참고
적절한 물량	뜸이 완료되고, 10~20초 후 커피물이 떨어진다.	커피 성분이 고르게 추출된다.	뜸의 역할은 손으로 물을 붓는 드립 추출에서 맛과 향의 변화에 매우 민감한 작용을 일으킨다.
많은 물량	뜸 주입 시 물이 서버로 주루룩 흐른다.	성분을 충분히 우려내지 못해 밋밋한 커피 맛이 된다.	
적은 물량	뜸을 주었으나 커피가 한 방울도 추출되지 않는다.	커피 향미를 우려내지 못해 커피의 부정적인 향미가 돌출된다(쓰다/떫다/탁하다).	

3. 여러 가지 핸드드립

칼리타 추출

- 사다리꼴의 드리퍼에 추출구가 3개 있다.
- 커피 추출 시 물의 흐름이 다소 빠르다.
- 중간·약배전에 어울리는 드립 방식이다.
- 깔끔하고 안정적인 커피 맛을 낼 수 있다.

추출 방법

뜸들이기

- 드리퍼에 페이퍼를 장착시킨다.
- 나선형으로 드리퍼 외곽에서 안쪽으로 빠른 속도로 커피 전체를 적셔 뜸을 들인다(페이퍼에는 물을 직접 닿지 않게 한다).

1차 추출

- 뜸으로 부풀어 오른 커피가 서서히 수분이 마르면서 갈라진다.
- 나선형으로 밖에서 안으로, 안에서 밖으로 물을 준다(1차에서는 원하는 추출 양의 30% 내외로 물을 준다).

2차 추출

- 1차보다는 드립 속도를 조금 빠르게 한다.
- 2차 추출은 원하는 추출 목표 양의 60% 전후로 물을 주고 빠져 나온다.

3차 추출

- 다소 빠르게 드립하며 1, 2차보다는 물줄기가 굵어도 좋다.
- 원하는 양의 80%까지 추출하고 빠져 나온다.

4차 추출

- 원하는 양의 100%까지 추출하고 빠져 나온다.
- 드리퍼를 바로 서버에서 제거하여 커피 추출 후미의 찌꺼기에서 우러나는 잡미가 나지 않도록 한다(4차에서 부득이 추출이 완료되지 않았을 때만 5차에 걸쳐 완성할 수도 있다).

메리타 추출

- 1908년 메리타 벤츠 여사가 고안한 방식이다.
- 칼리타와 외형은 비슷하나 추출구가 1개이다.
- 드립할 때 드리퍼에 물이 고여 있는 시간이 길어 추출 속도가 늦다.
- 깔끔한 맛이 부족하다.

추출 방법

뜸들이기

- 나선형으로 물을 빠르게 커피 전체에 주어 뜸을 완성한다.

추출하기 Ⅰ

- 4차례 끊어 추출하는 칼리타 방식과는 달리 물줄기를 멈추지 않고 드립한다.

추출하기 Ⅱ

- 멈추지 않고 계속해서 물을 붓는다(붓는 물의 양과 추출되는 커피 양의 균형을 유지한다).

마무리하기

- 원하는 추출 시점에 도달하면 드립을 멈추고 드리퍼를 바로 제거한다.

* 추출을 시작하면 멈추지 말고 끝까지 물을 주어 완성한다.

고노 추출

- 원추형 드리퍼를 사용한다. 다른 드립 방식보다 바디감이 좋다. 감칠맛 있는 커피를 추출할 수 있다.
- 드리퍼 특성상 물의 흐름이 매우 빠르다. 드립할 때 속도의 완급 조절과, 물 줄기에 세심하게 주의한다(일반적으로 강배전한 커피 추출에 적합하다).

추출 방법

뜸들이기
- 커피 전체에 나선형으로 빠르게 물을 부어 뜸을 완성한다.

추출하기 Ⅰ
- 뜸이 완성된 후 추출을 시작한다. 칼리타 추출 시보다는 나선형으로 주는 물의 폭을 다소 줄인다.

추출하기 Ⅱ
- 칼리타와는 달리 중간에 4~5차례에 걸쳐서 중간에 추출을 끊지 않고 물줄기를 일정하게 유지하면서 계속 추출한다.

추출하기 Ⅲ
- 원하는 추출 양의 눈금을 확인하면서 다소 속도를 내면서 추출 양에 이르도록 물을 주입한다.

마무리하기
- 추출이 완료되면 드리퍼를 바로 제거하여 추출 끝물에 잡미가 녹아내리지 않도록 주의한다.

* 추출을 시작하면 멈추지 말고 끝까지 물을 주어 완성한다.

하리오 추출

- 고노 드리퍼와는 달리 리브가 유선형으로 되어 있다.
- 추출 구멍도 다소 커서 유속이 빠르다.
- 강배전 커피를 추출할 때 적합하다.
- 고노보다 바디감은 다소 약하다(연한 감칠맛을 느낄 수 있다).

추출 방법

뜸들이기

- 나선형으로 커피가루에만 물을 주어 뜸을 완성한다.
- 뜸이 완성된 후 추출을 시작한다.
- 추출 속도를 천천히 하고 물줄기를 가늘게 유지한다.

추출하기 Ⅰ

- 물 주입 양의 속도에 비해 추출 양의 속도가 빨라지지 않도록 물 붓는 속도를 조절한다.

추출하기 Ⅱ

- 추출 후반부에 추출하는 커피 주변 페이퍼 벽으로 물이 넘쳐 오르지 않도록 주의하며, 원하는 추출 양까지 물을 준다.

마무리하기

- 원하는 추출 양이 완료되면 드리퍼를 바로 제거한다.

* 추출을 시작하면 멈추지 말고 끝까지 물을 주어 완성한다.

융드립 추출

- 여과지 대신 천으로 된 것을 사용하며 플란넬(flannel)드립이라 한다.
- 페이퍼드립과는 달리 커피의 오일 성분이 많이 추출되어 바디감이 진하다.
- 융드립 특유의 부드러운 감칠맛, 쓴맛, 신맛의 조화로움을 느낄 수 있다.
- 페이퍼드립보다는 조금 거칠게 분쇄한다. 다소 강배전한 커피를 사용한다.

추출 방법

준비하기

- 물에 삶아서 마른 수건으로 물기를 충분히 제거한 융에 커피를 담아 거치대에 융을 걸치고 커피 가운데에 손가락으로 작은 홈을 낸다.

뜸들이기

- 중앙의 커피 홈에 빠른 속도로 물을 채우듯이 붓고, 커피 주변까지 나선형으로 물을 부어서 뜸을 완성한다.

추출하기 Ⅰ

- 융에 물이 직접 닿지 않게 일정한 물줄기로 나선형으로 물을 주입한다.

추출하기 Ⅱ

- 추출속도가 너무 빠르거나 주입하는 물의 양이 너무 많아져 물이 추출하는 커피 위와 융 벽으로 역류하지 않도록 조심한다.
- 원하는 추출 양까지 추출을 계속한다.

마무리하기

- 추출이 완성되면 융드리퍼를 바로 제거한다.

* 추출을 시작하면 멈추지 말고 끝까지 물을 주어 완성한다.

BG 드리퍼(웨이브 드리퍼) 추출

- 드리퍼 추출 기구가 120° 간격으로 3개가 있다.
- 중간 볶음 정도의 커피가 적합하다.
- 깔끔하면서도 바디감이 있어 균형감 있는 커피 맛을 느낄 수 있다.
- 초보자도 추출이 용이하다.

추출 방법

뜸들이기

- 종이 필터에 물이 닿지 않도록 주의하면서 나선형으로 커피 전체를 물로 적시고 뜸을 완성한다.

1차 추출

- 드리퍼 바깥에서 약 1cm 정도 안쪽까지만 나선형으로 물을 주입하면서 원하는 추출 양의 60%까지 추출한다.

2차 추출

- 일정한 물줄기로 1차 추출보다는 속도는 빠르게 스윙한다.
- 전체 추출 양의 90%까지 추출한다.

3차 추출

- 다소 굵은 물줄기로 추출하고자 하는 커피량의 농도를 맞추며 추출을 끝낸다.

마무리하기

- 드리퍼를 재빨리 제거한다.

골드 드리퍼 추출

- 골드 필터로 반영구적으로 사용할 수 있다.
- 바디감은 있으나 맛이 깔끔하지 못한 편이다.
- 커피의 미분이 함께 추출된다.

추출 방법

뜸들이기
- 나선형으로 가는 물줄기로 빠르게 뜸을 완성한다.

추출하기 Ⅰ
- 너무 지나치게 드리퍼 외곽으로 물을 주지 않는다(골드 드리퍼 외벽으로 물이 흘러 커피 맛이 더 엷어질 수 있다).

추출하기 Ⅱ
- 일정한 물줄기를 유지하면서 원하는 커피량까지 계속해서 드립한다.

마무리하기
- 추출량이 완성되면 재빨리 드리퍼를 제거한다.

* 추출을 시작하면 멈추지 말고 끝까지 물을 주어 완성한다.

4. 그 외 기구를 이용한 추출

사이폰

- 원래 이름은 베큐엄 브로어(vaccum brewer)이며 사이폰은 일본에서 흔히 부르는 이름이다.
- 추출과 보관 등에 어려움이 있으나 추출할 때 시각적인 연출 효과가 좋다.
- 물 끓이는 연료 방식으로는 알코올램프, 할로겐램프, 가스를 사용하며, 커피 필터(여과장치)로는 종이 또는 융 조직으로 되어 있다.

사이폰의 구조

tip

사이폰 추출 시 주의사항

1. 메틸 알코올을 사용한다.
2. 가능한 한 중배전 이하의 커피로 추출한다(강배전 커피는 추출 특성상 고온으로 추출되어 쓴맛이 강해진다).
3. 추출 후에 융 필터는 잘 세척하여 물에 담가 냉장 보관한다.

★ 사이폰은 원래 베큐엄 브로어가 용어이나 일본에서 사이폰으로 널리 개량 보편화되면서, 우리나라에 소개될 때 일본식 표기가 남아 이를 그대로 쓰게 되었다. 책에 따라서는 '어퍼볼(the upper bowl)'을 로트 또는 로드라고 표기하기도 하고, '로워볼(the lower bowl)을 플라스크 또는 하부 볼이라고 표기하는 등 용어의 혼란이 있다.

출처 : Kevin Sinnoft(2010), The art and Craft of Coffee, QUARRY

추출 방법

기본준비

- 하부 플라스크 외부에 표시된 2~3인분의 컵 그림 표시에 물 양을 맞춘다.
- 플라스크 외부의 물기를 마른 수건으로 잘 닦는다.

1 로드에 필터를 끼워서 로드 하단에 필터 고리를 당겨서 장착한다.

2 추출할 커피량은 일반적으로 12~15g을, 물 120~150cc 정도를 기준으로 한다.

3 로드를 스탠드에 옆으로 기울여 장착하고, 알코올램프에 불을 붙인다.

4 하부 플라스크의 물이 끓어 수면 위로 물의 기포가 0.5mm 정도의 방울들이 올라오면 로드를 똑바로 세워서 장착한다.

5 하부 플라스크에서 끓은 물이 하단에 최소한 양만 남고 상부로 올라와서 로드의 커피를 밀고 올라온다.
나무 스틱으로 10회 정도 잘 저어 준다.

6 플라스크 중심에서 살짝 바깥으로 불을 이동시키고 25~30초 정도 후에 불을 완전히 끈다.

7 알코올램프의 불을 끈 상태에서 커피가 하부 플라스크로 내려오기 직전에 다시 4~5회 커피를 빠르게 저어 준다.

8 커피가 하단 플라스크로 다 내려오면 마지막에 진공 압력이 빠지면서 황금색 거품이 잘 일어나야 좋은 맛의 커피를 추출한 것이다.

모카포트

- 증기압에 의한 커피를 추출하는 방식이다.
- 이탈리아에서는 스토브 톱(stove-top)이라고도 한다.
- 추출 후에 물기를 완전히 닦아서 보관해야 알루미늄으로 된 용기가 녹이 나는 것을 방지할 수 있다.

추출 방법

1 하단 포트에 압력밸브 아래까지 물을 붓는다.

2 필터 바스켓에 다소 곱게 분쇄한 커피를 스푼으로 가볍게 눌러 담는다.

3 상단 포트와 하단 포트를 단단하게 감아서 장착한다.

4 가스 불에 모카포트 전용 삼발이를 사용해 올려놓는다. 화력을 중간 정도로 조절한다. (① 손잡이가 타는 것을 방지한다. ② 커피의 향미를 충분히 우려내기 위함이다)

5 3~4분 후 상단포트로 물이 끓어올라 온다(치-익 하는 소리가 난다).

6 불을 끄고 20초 정도 끓어오른 커피물을 안정화시킨 후에 커피 잔에 따라서 마신다.

프렌치프레스

- 흔히 차를 우려내어 마시거나, 우유를 거품낼 때도 사용한다.
- 티 메이커, 멜리오르, 플런저라고도 한다.
- 프랑스 보덤사가 만들어 널리 보급되었기에 흔히 보덤이라고 부르기도 한다.

추출 방법

1 원두를 1.0mm 정도 굵게 분쇄하여 용기에 넣는다(커피량은 350cc 용량의 기구일 때, 8~12g 정도를 넣는다).

2 90~95℃의 물을 거칠게 붓는다(기구의 손잡이 상부 연결부 라인 위까지 붓는다 : 대략 200~350cc 용량 기준).

3 나무숟가락으로 거칠게 10~12회 정도 잘 젓는다.
필터가 달린 뚜껑을 닫는다.

4 3~4분 정도 기다린 후에 필터를 천천히 내려서 더 이상 내려가지 않고 걸릴 때까지 누른다.

5 필터 뚜껑 부위를 한 손으로 잘 잡고, 커피 찌꺼기를 감안하여, 전체 추출량의 1/3 정도는 남기고 예열한 잔에 따른다.

이브릭

- 체즈베(cezve)라고도 한다.
- 커피를 추출해 마시는 가장 오래된 터키식 방식이다.
- 커피를 물에 직접 끓여 마시는 것이기에 커피를 가장 곱게 갈아야 한다.
- 커피 입자와 함께 마시므로 강한 바디감을 느낄 수 있다.

이브릭(체즈베)의 종류

추출 방법

1 가장 곱게 분쇄한 커피를 이브릭에 담은 후 물을 8부 정도 부어주고 중간불(화력)로 끓이기 시작한다.

2 거품이 일어나면서 끓어오르면 일단 불에서 꺼내어 스틱으로 저어서 가라앉힌다. 이렇게 2~3번 반복하여 충분히 끓여 낸다.
마지막에 설탕을 넣어서 한 번 더 저어서 끓여 낸다(설탕을 처음부터 넣어서 끓이기도 한다).

3 불을 끄고 20~30초 끓은 커피를 안정화시킨다.
예열한 컵에 조심스럽게 따른다.

더치드립

- 찬물로 커피를 추출하는 방법으로 워터드립이라고도 한다.
- 70℃가 넘는 물에 카페인이 활성화되는 데 반해, 찬물로 커피를 추출하므로 카페인이 거의 녹아나지 않아 무카페인 커피라고도 한다.
- 추출된 커피에서 와인이나 위스키 같은 향미가 느껴진다.

추출 방법

1 핸드드립보다 다소 곱게 분쇄한 커피를 기구의 용량에 맞게 로드에 담는다.

2 드립주전자에 물을 담아 핸드드립에서 뜸을 들이듯 물길을 잡아준다.

3 커피 위에 페이퍼를 덮어 준다. 기구에 걸어서 장착한다.

4 상부의 수조에 찬물을 붓는다. 코크를 조절하여 2초에 한 방울씩 물이 떨어지게 한다(상부 수조에서 물이 적어지면서 수압이 변해 코크가 느슨해지거나 잠길 수 있으니 간혹 확인하여 다시 조절해 준다).

5 추출이 완성되면 더치드립 전용기에 담아 냉장고에 넣어 하루 정도 숙성시킨다.

* 단종 커피보다는 블렌딩한 커피로 추출해야 더 좋은 향미를 낼 수 있다.

나폴리타나

- 모카포트 방식의 추출 기구이다.
- 모카포트 정도의 곱게 분쇄한 커피 입자를 담는다.
- 다소 엷은 맛의 커피를 즐길 수 있다.
- 이탈리아 나폴리 스타일의 커피 추출 방식이다.
- 일종의 드립식 커피메이커이다.

나폴리타나의 추출 커피량 · 물량 · 소요시간 비교

	물량	커피량	추출 소요시간
3인	220mL	16~20g	5~6분
6인	360mL	30~35g	7~8분

주 : 일반적인 수치이다.

추출 방법

1 포트에 물을 넣는다.
커피필터통에 커피를 담고, 포트에 잘 장착한다.

2 가스불에 포트의 주둥이를 반대 방향이 되게 올려 놓고 커피 물을 끓인다.

3 불을 끈 상태에서 커피 물을 20~30초 안정화시킨다.
추출이 완료된 포트를 상하 2개의 손잡이를 잘 잡고 조심스럽게 포트를 뒤집는다(이때 끓는 물이 순간적으로 역류하여 포트의 주둥이로 쏟아질 수 있으니 매우 조심한다).

4 추출된 커피를 따라서 마신다.

베트남 핀드립

- 일반적으로 베트남에서 커피를 즐겨 마시는 방법이다.
- 강하게 볶은 로부스타 커피를 연유와 섞어 마신다.

기본 준비

- 컵에 연유를 취향에 따라 또는 1~2티스푼(10mL) 정도 넣는다.
- 컵 위에 베트남 핀드립을 올려놓는다.

추출 방법

1 핀드립 용기에 커피를 담는다. 핀드립 커피 위에 커피 누름판을 올려 놓는다(누름판으로 커피를 고르게 눌러준다).

2 핀드립에 8~9부 정도 뜨거운 물을 붓는다. 2~3분 후면 커피 추출이 완료된다.

3 핀드립을 제거하고 연유 위에 추출된 커피를 함께 잘 섞어서 마신다(추출 후에 연유를 넣기도 한다).

Chapter | 06

최고의 에스프레소 추출

Chapter | 06

최고의 에스프레소 추출

1. 에스프레소의 특성

1) 에스프레소의 정의

에스프레소(espresso)는 '데미타세(demitasse)' 라는 작은 잔에 담아 마시는 양이 적고 아주 진한 이탈리아 커피로 잘 알려져 있다. 영어로 빠르다는 의미의 '익스프레스(express)' 를 뜻하는 에스프레소는 압력이 실린 뜨거운 물이 미세하게 분쇄되어 압축시킨 원두 케이크(coffee cake) 층을 통과하며 농축액이 추출되는 방법이다.

완벽한 에스프레소를 추출하기 위한 기준에 대한 정의를 살펴보면, 전문가마다 약간의 차이가 있지만 가장 중요한 것은 바리스타가 커피에 대해 이해하는 것이다. 이탈리아 에스프레소 과학자로 유명한 일리 박사(Andrea Illy), 세계에서 최고의 바리스타를 선발하는 WBC(World Barista Championship), 호주 커피 앤 티(Coffee & Tea)협의회 회장인 에스프레소 전문가 인스타우라터(Instaurator) 등의 에스프레소 커피를 추출하기 위한 기준을 살펴보면 다음과 같다.

안드레아 일리 & 리난토리오 비아니

- 분쇄 양 : 6.5±1.5g (5~8g)
- 물 온도 : 90±5℃
- 물 압력 : 9±2bar
- 추출 시간 : 30±5 s
- 추출 양 : 고객 요구에 따라 15~50mL 범위 내에 추출, 최적의 추출량은 25~30mL

WBC

- 커피 양 : 커피와 분쇄 입도에 따라 다양한 무게(g) 범위로 추출할 수 있다.
- 물 온도 : 90.5~96℃
- 물 압력 : 8.5~9.5bar
- 추출 시간 : 20~30초 권장(의무적이지는 않다)
- 추출 양 : 에스프레소는 1온스(oz) 음료로, 크레마를 포함하여 25~35mL이다.

인스타우라터

- 커피 양 : 포타필터에 충분히 담아 분산 스크린까지 알맞게 가득 차도록 도징한다.
- 추출 시간과 추출 양
  - 추출액이 처음 떨어질 때까지는 4~5초의 시간이 지나야 한다.
  - 도피오로 추출 양이 크레마를 포함하여 45mL(1.5온스) 추출되는 시간이 20~30초가 되어야 한다.
  - 커피의 종류와 로스팅에 따라 30mL(1온스)가 추출되는 시간이 20초 또는 40초 사이에 완벽한 에스프레소가 추출될 수도 있다.

가장 중요한 것은 바리스타가 상황에 따라 위의 추출 조건 범위 안에서 최상의 에스프레소를 추출하는 것이다. 바리스타에 대한 지식뿐만 아니라 커피 생산지와 로스팅 과정 등 모든 생산 과정을 이해하여야 완벽한 에스프레소를 추출하는 기술을 얻을 수 있다.

2) 에스프레소 커피의 이화학적 특성

크레마

에스프레소 머신의 압력이 실린 뜨거운 물이 빠른 속도로 커피 케이크 층을 통과하게 되면, 추출된 액의 표면에 거품 층인 크레마(crema)가 형성된다. 커피 속에 들어 있는 불용성의 미세한 지방분과 섬유질은 가스와 만나 현탁액을 형성하는데, 여기서 가스 성분의 대부분은 이산화탄소(CO_2)로 휘발성 아로마와 함께 물에 용해되어 빠르게 거품이 되어 추출되는 것이다.

크레마의 색깔과 지속성은 에스프레소 품질 평가에 중요한 요소이며, 부드러운 촉감과 함께 용액 층을 덮어 커피의 온도와 향을 보존해 주기도 한다.

고형분 함량

에스프레소 커피는 다른 방식으로 추출된 커피보다 고형분 함량이 많다. 고형분 함량은 에스프레소 커피의 화학적 특성에 가장 중요한 특징으로, 커피의 농도와 추출 수율과도 관련있으며, 밀도에도 약간의 영향을 미친다. 고형분 함량은 추출 시 원두의 양과 물의 비율에 의해 좌우되는데, 그뿐만 아니라 로스팅 정도와 추출 온도에도 영향을 미친다. 강하게 로스팅된 커피는 더 용해성이 있으며, 높은 온도 또한 고형분 함량이 더 추출된다.

점 도

에스프레소 커피의 점도는 순수한 물의 약 두 배이다. 유화액 내에 있는 작은 알갱이 모양으로 분산된 불용성 지방의 양과 관련있으며, 점도의 증가는 바디(body)감을 더 좋게 한다.

산

산도(acidity)는 에스프레소에서 매우 중요한 관능적 변수이다. 커피에는 키니산(quinic), 클로로겐닉산(chlorogenic acid)과 함께 초산(acetic acid), 포름산(formic acid), 사과산(malic acid), 구연산(citric acid), 젖산(lactic acid) 등도 추출된 커피에서 발견된다. 에스프레소 커피의 pH는 5.2~5.8로, 로스팅 강도 또는 추출 시간에 따라 달라진다. 에스프레소 커피의 산도를 단순하게 pH만으로 설명하기에는 부족하다. 미국 스페셜티커피협회(SCAA) 커핑 테스트에서는 커피의 산도를 미각적으로 훈련하기 위해 유기산인 초산, 사과산, 구연산, 인산 등을 추출된 커피에 소량 첨가하여 커피의 산도를 다양하게 평가할 수 있도록 테스트하여, 커피의 관능적인 산도 특성을 다양하게 표현할 수 있도록 훈련한다.

카페인

커피의 카페인 함량은 커피와 물의 접촉하는 시간과 관련있다. 즉, 평균 20~30초 내에 빠른 속도로 추출되는 에스프레소 커피는 약 30mL(1온스) 소량을 추출하므로 다른 추출 기구를 이용한 커피에 비해 카페인 함량이 적게 추출된다.

표 6-1 에스프레소 커피의 이화학적 특성

특성	수치(아라비카)
크레마의 양	최소 10%
총 고형분(mg/mL)	52.5
점도(mPa · s)	1.70
pH	5.2
카페인(mg/mL)	2.6
클로로겐닉산(mg/mL)	4.3
총 지질(mg/mL)	2.5

출처 : Espresso Coffee: The science of quality, Andrea Illy & Rinantonio Viani

3) 에스프레소 커피의 관능적 특성

시각적 특성 : 크레마

에스프레소를 시음하기 전 우선 시각적으로 품질을 평가한다. 적합한 원두 입자와 투입량으로 에스프레소를 추출하면 붉은 갈색으로 풍성한 거품층인 크레마가 형성된다. 이는 높은 압력의 물이 커피가루와 접촉하면서 원두의 불용성 오일(insoluble coffee oil)이 유화상태로 함께 추출되며 커피 표면을 덮는 거품층으로 커피의 향을 담고 있다.

크레마의 색깔은 에스프레소 품질을 평가하는 데 첫 번째 단계이다. 크레마 색상은 연한 갈색에서 진한 갈색으로 다양한 갈색을 형성하는데, 추출이 잘 된 에스프레소는 붉은 기운의 갈색으로 표면에 호피 무늬(tiger skin)가 형성된다.

크레마의 밀도와 지속성 또한 중요한 요소인데, 에스프레소를 제공할 때 크레마는 속이 꽉 차고 부드러워야 한다. 크레마의 지속성은 단순하게 사라지는 시간으로 측정할 수도 있으나, 일리 박사는 단순한 방법으로 크레마 위에 설탕을 한 스푼 얹었을 때 가라앉는 속도로 크레마의 견고성을 평가할 수 있다고 하였으며, 세계 바리스타 대회(WBC)에서는 한 방향으로 데미타세잔을 기울이면서 크레마의 밀도와 지속성을 평가하기도 한다.

그림 6–1 | 크레마

그림 6–2 | 잔을 기울였을 때

그림 6–3 | 설탕을 얹었을 때

맛의 특성 : 단맛, 쓴맛, 신맛의 조화

추출이 잘 된 에스프레소에서는 커피 품질의 성격에 따라 시럽, 초콜릿, 꿀, 과일 같은 다양한 맛을 경험할 수 있다. 에스프레소는 혀 안에서 향기 성분을 천천히 증발하게 하므로 마신 후 입 안에 후미가 다른 추출법보다 오랫동안 지속된다. 에스프레소 커피는 맛의 균형이 매우 중요하며, 신맛, 단맛, 쓴맛 등 조화로운 균형을 가져야 한다. 에스프레소의 본고장 이탈리아에서는 에스프레소 커피 품질을 평가할 때 단맛을 매우 중요하게 여긴다. 품질 좋은 에스프레소 맛을 '쓴맛이 섞인 단맛에 약간의 신맛' 을 선호한다. 하지만 지역에 따라 선호되는 맛의 차이는 조금씩 다르기도 하다. 에스프레소의 맛은 사용하는 원두 품질마다 차이가 있겠지만, 우선 추출이 잘못된 경우는 날카로운 신맛, 쓴맛, 텁텁한 맛 등 좋지 않은 맛이 추출되며, 원두의 품질이 좋지 않은 경우는 풀향, 발효향, 악취, 곰팡내 등이 나기도 한다.

촉각적 특성 : 바디감

에스프레소에서 바디감은 매우 중요한 요소이다. 입 안에 가득찬 느낌으로 마우스필(mouthfeel)이라고도 표현하며, 에스프레소에서 바디감이 약하면 품질이 매우 떨어지는 것으로 평가된다. 추출이 잘 된 에스프레소는 입 안에서 크림 같은, 매끄러운, 기름진 느낌의 풀 바디감을 느낄 수 있다.

tip

크레마로 알 수 있는 추출 평가

바리스타 기술(입자 크기와 투입량), 기계적 요인(추출 온도와 압력), 추출된 커피의 양 조절 등이 잘못되면 곧바로 크레마의 색깔, 질감, 지속성에 나타나게 된다.

- **과소 추출** under-extracted

크레마의 색깔이 너무 연한 경우, 지속성이 없는 경우, 크레마 층이 얇거나 추출 후 곧바로 사라지는 경우 등을 과소 추출이라고 한다. 즉, 커피의 성분과 향미가 충분히 추출되지 못한 것이다.

이유 : 입자 크기가 너무 크다. 커피 투입량이 작다.
물 온도가 낮다. 압력이 낮다.

과소 추출

- **적정 추출** correctly extracted

크레마 색상이 헤이즐넛 또는 붉은 광택 등의 갈색 바탕에 호피 무늬가 형성된다. 질감은 부드럽고 지속성이 길다. 좋은 품질의 크레마를 추출하기 위해서는 바리스타의 입자 조절과 투입량 측정 등의 기술이 요구된다.

이유 : 입자 크기가 적당하다. 커피 투입량이 적당하다.
추출 양이 적당하다. 기계 성능(온도와 압력)이 적당하다.

적정 추출

- **과다 추출** over-extracted

크레마의 색상이 너무 진한 갈색 또는 눈으로 보일 정도의 큰 거품과 하얀반점 등이 형성되며, 크레마 중간에 크레마 층이 없이 검은 액이 보이기도 한다. 커피의 성분과 향미가 과다 추출된 것이다.

이유 : 입자 크기가 너무 작다. 커피 투입량이 많다.
물 온도가 높다.

과다 추출

2. 에스프레소의 4대 조건

1) 블렌딩 miscela

생두에 대한 지식

맛있는 에스프레소를 추출하기 위해서는 품질 좋은 원두를 선택하는 것이 가장 중요한 요소이다. 실력을 갖춘 바리스타라면 그라인더와 머신을 다루는 기술뿐 아니라 커피 블렌딩을 이해하여야 한다. 커피 블렌딩에는 많은 의미를 가지고 있으며, 커피 품종, 생두 가공법, 생두 품질, 생산 지역 특성, 로스팅 과정 등 전반적인 원두커피 가공 과정을 모두 이해하고 그에 따른 맛 특성을 이해하여야 한다.

조화로운 맛을 내기 위한 블렌딩 작업

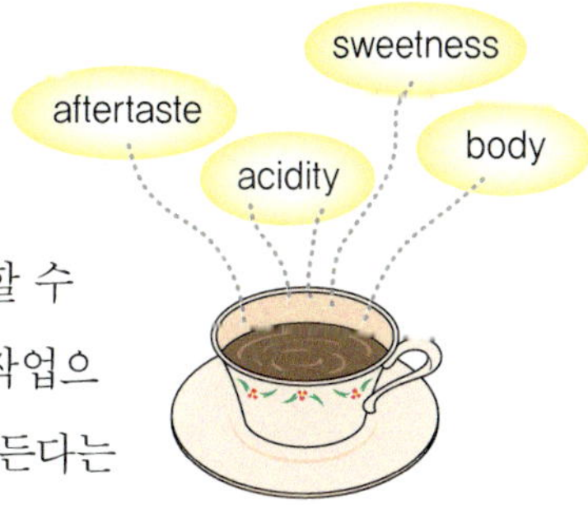

에스프레소용 원두는 조화로운 맛을 내기 위해 블렌딩을 하는데, 이 작업으로 단맛, 신맛, 바디감, 향미, 후미 등 조화로운 맛을 형성하게 된다. 블렌딩은 생산지별, 품종별, 생두 가공별 등 다양한 방법으로 할 수 있다. 블렌딩이란 단지 몇 가지 산지를 섞는 단순한 작업으로 생각될 수도 있으나, 생각보다 조화로운 맛을 만든다는 것은 쉽지 않다. 여러 커피를 섞어 오히려 그 생두가 가지고 있는 향미가 사라져 버릴 수도 있기 때문에, 오히려 너무 많은 종류의 커피를 섞는 것은 의미가 없을 수도 있다. 최근에는 블렌딩을 하지 않은 싱글 오리진(single origin) 커피나 두 가지 종류만을 블렌딩하는 에스프레소 커피도 인기를 얻고 있다. 블렌딩 정보는 제조회사마다 원두 포장지에 각 생산지, 품종, 생두 등급 등을 표기하는 경우도 있고, 생산지 정보 없이 제품명과 블렌드의 맛 특성으로만 표시하는 경우도 있다.

원두커피의 신선도와 숙성도에 따라 달라지는 향미

조화로운 맛으로 블렌딩을 하여도 제조 후 몇 개월이 지난 원두라면 신선한 향을 기

그림 6-4 | 산지에 따른 향미 특성

대할 수 없다. 원두커피는 제조 후 한 달 이내에 급격히 향미가 감소한다고 이미 여러 연구에서 보고된 바 있다. 또한 볶은 지 몇 시간 안 된 커피에서도 안정적이고 부드러운 커피 향미를 기대할 수 없다. 원두커피는 로스팅 과정과 로스팅 후에도 천천히 탄산가스를 방출하는데, 이는 가용성 성분이 물에 용해되는 것을 방해하기 때문에 어느 정도 탄산가스가 방출된 후 추출에 사용하는 것이 좋다.

일반적으로 에스프레소 커피 추출에 사용되는 원두는 탄산가스 방출을 위해 로스팅 후 며칠이 지난 숙성된 원두를 한 달 이내에 소비하는 것을 추천하겠으나, 추출로 가장 좋은 시점은 사용하는 원두커피에 따라 또는 매장의 환경에 따라 바리스타가 가장 좋은 향미가 추출되는 시기를 찾고 그에 따라 재고를 관리하는 것이다.

2) 분쇄 grinding

분쇄의 목적

분쇄작업은 에스프레소 추출과 향미에 있어 매우 중요한 역할을 한다. 원두를 분쇄하여 표면면적을 증대시켜, 커피의 성분이 물과 접촉하였을 때 쉽게 용해되어 추출될

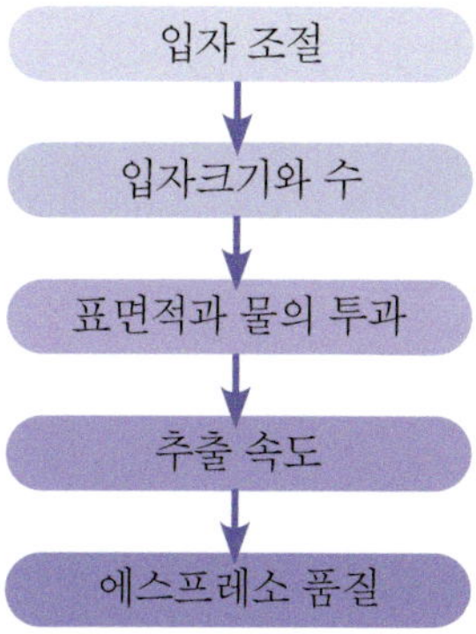

그림 6-5 ㅣ 분쇄의 중요성

그림 6-6 ㅣ 분쇄된 커피

수 있도록 한다. 에스프레소는 미세한 입자로 분쇄하는데, 입자의 크기가 작아질수록 입자 내의 조직과 세포의 CO_2 가스와 휘발성 향미물질이 쉽고 빠르게 추출된다.

추출하고자 하는 기구에 따라 알맞은 입자 크기로 분쇄하여야 하는데, 미세한 입자로 분쇄해야 하는 에스프레소는 에스프레소 전용 그라인더가 따로 판매되고 있다. 바리스타가 커피 입자를 미세한 차이로도 조절할 수 있으며, 빠른 속도로 원두를 분쇄하여 분쇄 시 발생하는 열을 최소화한다. 분쇄 시 발생하는 열은 커피의 향미를 손상시키게 되므로, 그라인더의 날 청소와 관리를 정기적으로 해주어야 한다.

그라인더는 날의 종류에 따라 롤러 커터(roller cutter), 코니컬 커터(conical cutter), 플랫 커터(flat cutter) 등이 있는데, 이 중 어떤 그라인더를 사용하여도 커피 입자를 모두 균일한 크기로 분쇄하지는 못한다. 현미경으로 커피가루를 보면 입자 크기가 다양한 분포를 이루는데, 커피 분쇄의 목적은 입자 크기가 일정한 범위 안에 분포되도록 하는 것이다.

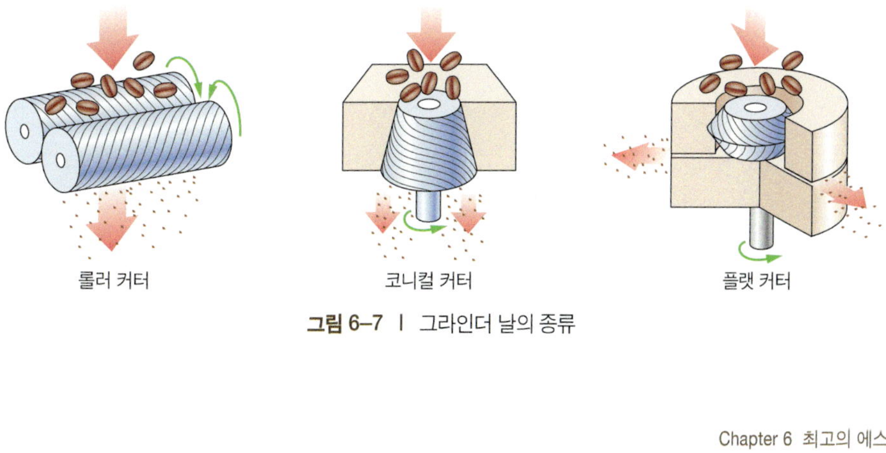

그림 6-7 ㅣ 그라인더 날의 종류

그라인더 부분별 명칭

- 스위치 : 스위치를 켜면 호퍼에 담긴 원두가 분쇄되어 도저로 이동된다.
- 호퍼 : 원두커피를 담는 통이다. 일주일에 한 번 그라인더의 원두 통(hopper)을 비운 후, 물로 깨끗이 씻어주고 마른행주로 닦아 낸다. 원두 통에 묻은 원두기름으로 인해 시간이 지나면서 찌든 냄새가 나고 새로 투입되는 원두에 묻기 때문이다.
- 원두 투입 레버 : 레버를 안으로 밀면 호퍼에 담긴 원두가 도저로 이동되지 않도록 막아준다. 원두가 담긴 호퍼를 그라인더에서 분리할 경우 레버를 안으로 민 후 이동한다.
- 원두 입자 조절 레버 : 숫자가 커질수록 입자가 굵어지고, 숫자가 작을수록 입자가 가늘어진다.
- 도저 : 분쇄된 원두가 보관되는 통이다.
- 분쇄커피 도징 레버 : 앞으로 당기면 도저 안에 있는 커피가 배출된다.
- 포타필터 받침대 : 도징 레버를 당겨 원두커피를 받을 때 포타필터를 걸쳐 놓는 받침대이다.

도 저

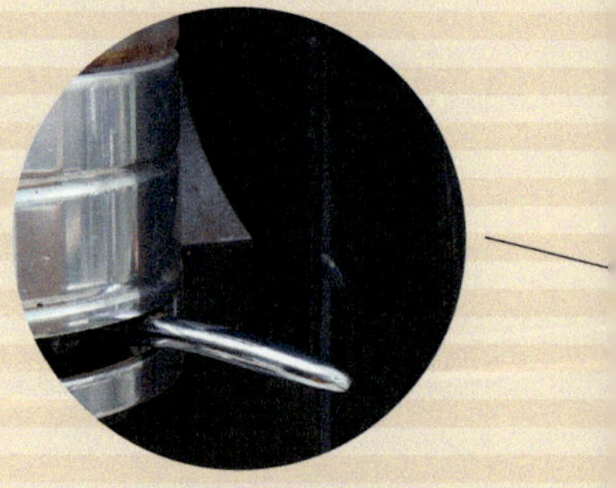

분쇄커피 도징 레버

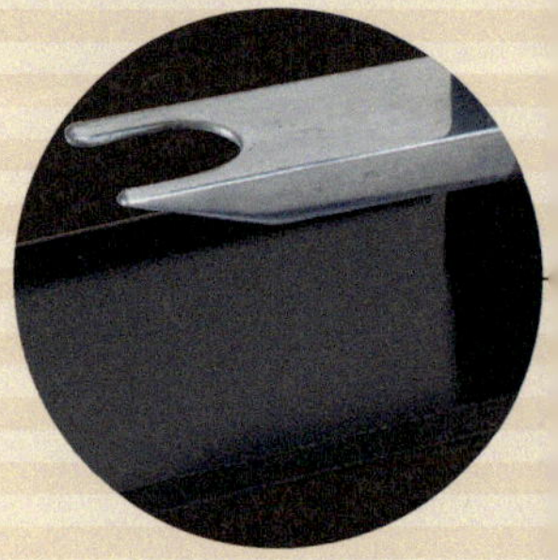

포타필터 받침대

ANFIM
Milano
원두 투입 레버
호 퍼
원두 입자 조설 레버
스위치

입자 조절 방법

정상 추출

정상 추출인 경우는 기존 입자 크기를 유지한다.

입자 크기, 투입량, 기계 조건, 추출 시간이 모두 정확하여, 풍부한 크레마와 추출 후 단단한 커피 케이크를 볼 수 있다.

그림 6-8 | 정상 추출 현상

그림 6-9 | 정상 추출 후 필터 상태

그림 6-10 | 정상 추출 후 커피 케이크

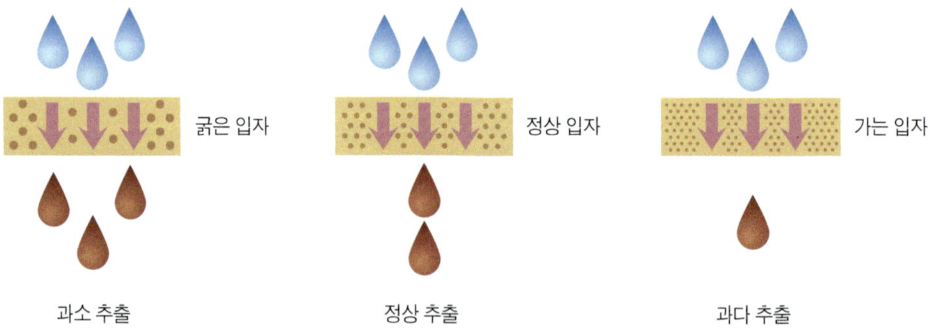

그림 6-11 | 입자 굵기에 따른 추출 결과

과소 추출

입자가 굵으면 커피 성분이 적게 추출된다. 따라서 입자를 조금 가늘게 하여 추출속도를 늦춰야 한다. 그라인더의 입자조절 방법은 다음과 같다.

그림 6–12 I 과소 추출 현상

그림 6–13 I 과소 추출 후 필터 상태

그림 6–14 I 과소 추출 후 커피 케이크

❶ 그라인더의 입자 조절레버를 굵은 입자 방향으로 돌린다. 조절 정도는 추출 현상에 따라 조절하는데, 추출이 조금 빠른 경우는 한 칸 또는 두 칸 정도만 조절한다.

❷ 조절된 입자로 추출 테스트를 하기 위해서 두 잔 분량 정도의 원두를 갈아서 버린다. 대부분의 그라인더는 미리 갈아진 소량의 원두가 호퍼와 도저 사이에 있기 때문이다.

❸ 에스프레소 추출 테스트로 입자 조절이 알맞은지 확인한다. 추출이 여전히 빠르면, 위의 과정을 반복한다. 너무 많이 조절한 경우는 추출이 느려진다. 그 경우 '입자를 굵게' 하는 방법으로 조절한다.

❶ 입자 조절 ❷ 두 잔 분량 원두를 갈아 버리기 ❸ 추출 현상 확인

그림 6–15 I 추출이 빠른 경우의 입자 조절

과다 추출

입자가 가늘면 커피 성분이 과다 추출된다. 이때는 입자를 굵게 하여 추출속도를 빠르게 해주어야 한다.

❶ 입그라인더의 입자 조절레버를 가는 입자 방향으로 돌린다. 한 칸, 두 칸 조절만으로도 추출 현상이 변하므로 조금씩 조절하며 추출 현상을 확인하는 것이 좋다.

❷ 조절된 입자로 추출하기 위해 2잔 정도의 원두를 갈아내어 버린 후 추출 테스트를 한다. 이때 충분한 양을 버리지 않으면, 조절 전의 입자로 추출이 되어 굵기가 알맞게 조절되어도 여전히 추출이 느리게 될 수도 있다.

❸ 추출이 원활하지 않을 경우는 위 방법으로 다시 입자를 조절하여 추출 테스트를 반복한다.

그림 6–16 | 과다 추출 현상

그림 6–17 | 과다 추출 후 필터 상태

3) 에스프레소 머신

머신의 종류

에스프레소 머신은 커피 추출 시 약 90℃의 물과 9기압을 유지시켜 주어 분쇄된 커피가루 케이크를 통과하여 농축액을 추출하게 하는 역할을 한다. 에스프레소 머신은 1900년대 초 이탈리아의 루이지 베제라(Luigi Bezzera)가 증기압을 이용한 에스프레소 머신의 특허를 출원하였으며, 가지아(Gaggia)가 스프링으로 동력이 전달되는 피스톤 방식의 머신을 특허받아 오늘날의 크레마가 생성되는 에스프레소 머신 형태로 발전하였다.

머신의 종류는 전문 바리스타가 사용하는 반자동 머신부터 완전자동 머신, 가정용 에스프레소 머신 등 다양하게 판매되고 있다. 반자동 머신은 별도의 그라인더를 통해 입자 조절과 분쇄를 하고 탬핑을 하여 추출을 하는 것으로 일반적으로 커피전문점에서 사용하며, 패스트푸드, 도넛 숍 등에서는 간단한 버튼으로 추출이 가능한 완전자동 머신을 선호한다. 하지만 근래 베이커리, 카페, 레스토랑 등 커피 전문점이 아닌 업소에서도 반자동 머신을 사용하며 전문 바리스타 교육을 실시하고 있는 곳이 증가하고 있는 추세이다.

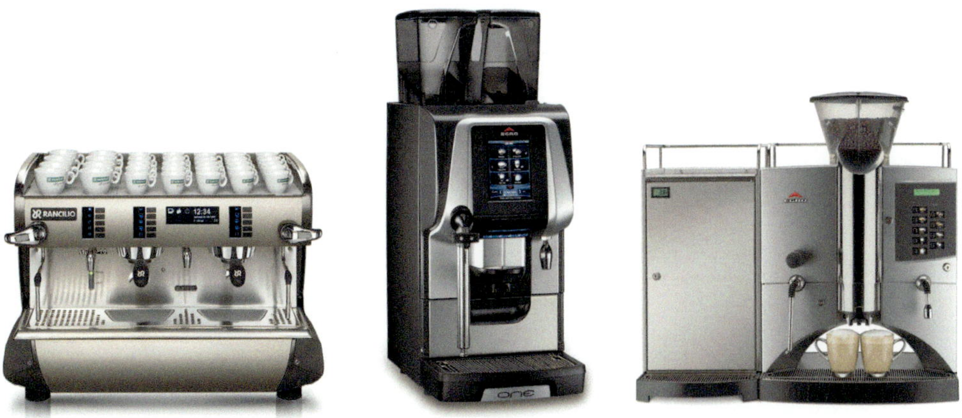

반자동 에스프레소 머신 전자동 에스프레소 머신 자동 카푸치노 에스프레소 머신

그림 6-18 | 머신의 종류

기계 부분별 명칭

- 전원(main switch) : 기계에 전력을 공급하는 스위치, 전원을 작동시킨 후 기계 보일러가 예열될 때까지 어느 정도 시간이 걸려 24시간 기계를 끄지 않고 작동시키는 매장이 많다.
- 보일러 압력계(boiler pressure manometer) : 전원이 꺼져 있을 때는 바늘이 '0'에 위치하며, 전원을 작동시키면 서서히 올라가 바늘이 1~1.5 사이에 위치한다. 스팀온수 보일러가 예열되어야 기계사용이 가능하다.
- 물 압력계(water pressures manometer) : 커피가 추출되는 동안 압력을 확인할 수 있다. 추출 버튼 작동 시 바늘이 9기압으로 올라가야 기계가 제대로 작동하는 것이다.
- 포타필터(portafilter) : 커피를 담을 수 있는 필터로 '포타필터' 또는 '필터홀더'라고 불린다. 포타필터는 기계에 장착하여 보관해 기계와 같은 온도로 유지시켜 추출하는 것으로 항상 뜨거워야 커피 맛에 나쁜 영향을 주지 않는다. 포타필터가 차가운 경우는 추출 전 추출 버튼을 작동시켜 뜨거운 물로 예열을 해준 후 사용한다.

더블샷 포타필터

싱글샷 포타필터

컵 워머

스팀 밸브

스팀

보일러 압력계

추출 버튼(싱글샷(short), 더블샷(short))
추출 버튼 (싱글샷(long), 더블샷(long))
온수 버튼
RANCILIO
그룹헤드
전 원
배수 트레이

- 그룹헤드(group head) : 포타필터를 장착하는 부분으로, 예열된 압력이 실린 물이 나온다. 그룹의 개수에 따라, 1그룹, 2그룹, 3그룹 머신으로 구분한다. 일반적으로 2그룹 머신을 가장 많이 사용하고 있다.
- 그룹 개스킷(group gasket) : 포타필터가 그룹헤드에 잘 장착되어 추출 시 압력이 새지 않도록 막아준다. 정기적으로 교환하여야 한다.
- 스크린 홀더와 스크린(screen holder & screen) : 샤워 홀더와 샤워라고도 불린다. 스크린이 포타필터에 물을 고른 분포로 분사하는 역할을 하며, 스크린 홀더는 스크린을 고정시켜 주는 역할을 한다.
- 추출버튼 : 추출 버튼은 일반적으로 싱글 포타필터용 버튼 두 개, 더블 포타필터용 버튼 두 개, 추출 양을 사용할 때마다 조절할 수 있는 연속추출 버튼이 있다.
- 온수 버튼 : 뜨거운 온수 추출 버튼으로, 아메리카노, 차, 음료 등에 사용된다.
- 스팀 밸브(steam valve) : 왼쪽으로 돌리면 스팀이 열리고 오른쪽으로 돌리면 스팀이 멈춘다. 원형 밸브가 아닌 손잡이 모양으로 아래에서 위로 올리면 스팀이 나오는 형태도 있다.
- 스팀노즐(steam nozzle) : 우유 스팀 시 스팀이 분사되는 곳이다. 분사구 개수는 기계에 따라 3~5개이다.
- 배수 트레이(drain tray) : 커피추출구, 온수추출구 등에서 떨어지는 물을 배수로 흘려주는 받침대이다. 분리가 가능하여 매일 청소해 준다.
- 컵 워머(cup warmer) : 컵을 따뜻하게 예열할 수 있어, 컵을 올려놓는다.

에스프레소 머신 청소 방법

역류 세척

그룹헤드의 스크린과 그룹 내부에 있는 배관을 정기적으로 청소하지 않으면, 배관에 원두가루와 석회질 등이 쌓여 막힐 수 있다.

❶ 포타필터 안의 바스켓을 빼낸 후, 구멍이 없는 블라인드 필터(blind filter)를 끼운다.

❷ 블라인드 필터에 에스프레소 머신용 세제를 1티스푼 정도 넣은 후, 그룹헤드에 장착시킨다.

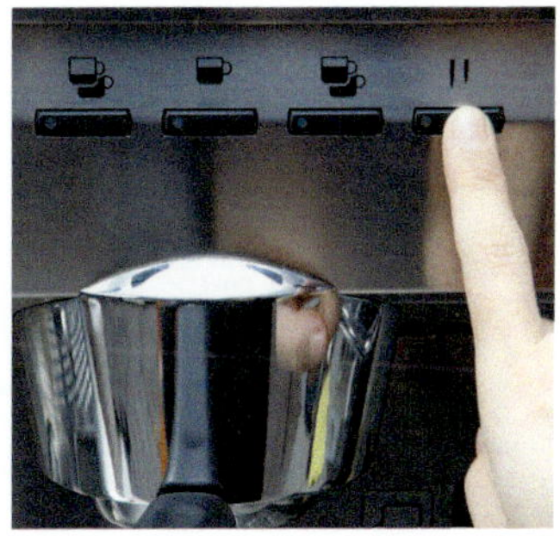

❸ 추출 버튼을 눌러 약 10초간 작동시킨 후 끈다. 이 작업을 2~3번 반복해 준다. 이때 추출된 물은 블라인드 필터에 의해 배출되지 못하고 그룹헤드 뒷부분으로 밀려 흐르게 되므로, 그룹헤드 스크린과 배관을 세척하여 커피 찌꺼기를 없앤다.

❹ 포타필터를 그룹헤드에서 빼낸 후 흐르는 물에 깨끗이 헹군다.

❺ 를포타필터를 다시 그룹헤드에 장착시킨 후 ❸번 과정을 반복하여 남아 있는 세제물을 없앤다.

그림 6–19 | 역류 세척 순서

스크린 홀더와 스크린 세척

❶ 그룹헤드 안을 보면 가운데 나사가 고정되어 있으며, 이 나사를 풀어 납작한 모양의 스크린 홀더와 스크린을 그룹헤드에서 분리한다.

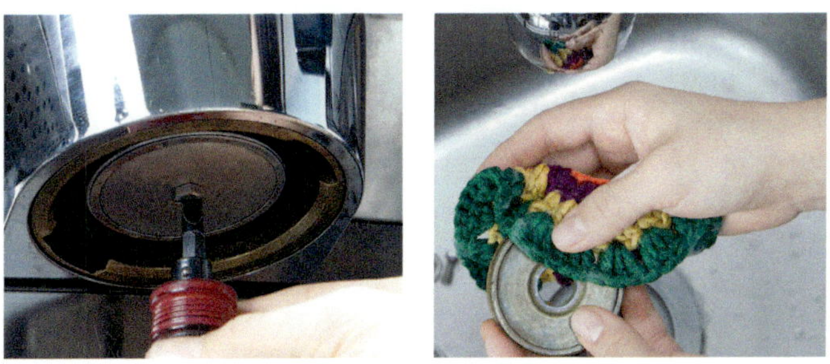

그림 6–20 | 스크린 홀더와 스크린 세척

❷ 그룹헤드 스크린과 샤워헤드를 물에 담가 깨끗이 씻어준다. 커피 찌꺼기가 심한 경우는 커피 전용 세제를 사용하여 세척한다.

4) 바리스타

바리스타의 직업

바리스타는 이탈리아어로 '바(bar) 안에 있는 사람' 이라는 뜻이다. 바리스타는 완벽한 에스프레소를 추출하고 메뉴를 만드는 능력뿐만 아니라 커피 생두부터 로스팅 단계까지의 이해, 커피 종류에 따른 향미 특성, 머신의 완벽한 활용능력 등이 요구된다. 또한 주방에서 일하는 조리사의 특성과는 달리 고객과 직접 서비스 접점에서 만나게 되므로 고객의 입맛을 만족시키는 능력뿐만 아니라 서비스 마인드도 함께 겸비해야 한다.

그림 6-21 | 잔 점검하기

그림 6-22 | 포타필터 뽑기

그림 6-23 | 물 흘려 버리기

에스프레소 커피 추출하기

잔 점검하기

사용할 잔이 뜨거운지 확인한다(그림 6-21).

포타필터 뽑기

몸 쪽에서 왼쪽으로 45℃ 정도 돌리면 그룹헤드에서 포타필터가 분리된다(그림 6-22).

물 흘려버리기

과열된 물을 흘려버리고 그룹헤드 부위에 묻어있는 찌꺼기를 청소하기 위해 추출 버튼을 눌러 물을 흘려버린다(그림 6-23).

필터 바스켓 닦기

필터 바스켓에 물기나 찌꺼기를 닦기 위한 작업이며, 항상 습관적으로 마른 행주를 이용하여 닦는다(그림 6-24).

그라인더 작동하기

포타필터 받침대에 포타필터를 올려 놓고 그라

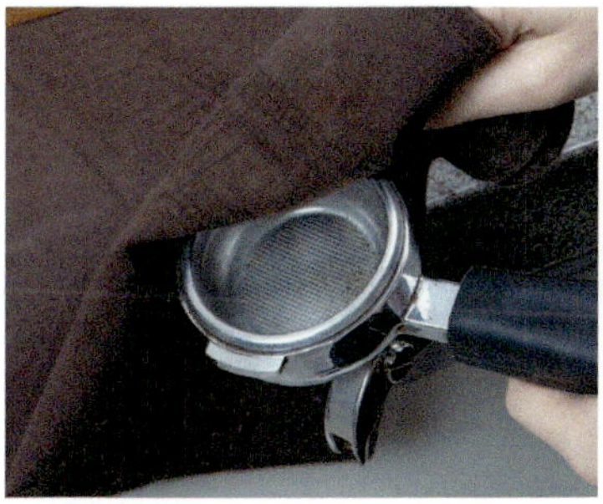

그림 6-24 | 필터 바스켓 닦기

그림 6-25 | 그라인더 작동

인더를 작동시킨다(그림 6-25).

커피 도징하기

포타필터에 분쇄된 커피가루를 채우는 작업으로, 도징방법은 바리스타마다 조금씩 다르다. 처음 기술을 익힐 때는 더블 포타필터를 사용하여 적정 양을 저울로 확인해 가며, 항상 일정한 양이 도징되도록 기술을 연습한다. 중요한 것은 추출 시 항상 일정한 방법으로 도징과 탬핑(tamping)하는 기술을 익히는 것이다.

- 도징 방법 1
  - 포타필터의 가운데 부분에 커피가루가 볼록 올라올 정도로 가득 담는다. 참고로 포

그림 6-26 | 커피 도징하기

타필터 바스켓 안에 표시된 선은 탬핑 후 커피가루가 채워졌을 때의 적정선이다.

- 포타필터에 가득 담긴 커피가루를 손가락, 그라인더 실린더 뚜껑, 또는 도징 툴을 이용하여 포타필터 안의 빈 공간을 채워가며 평평하게 쓸어내는 작업을 한다. 고른 분포로 레벨링을 하는 것이다(그림 6-26).

■ 도징 방법 2

- 포타필터에 반 정도 차도록 커피가루를 담은 후 포타필터의 외벽을 탬퍼의 손잡이 부분으로 살짝 쳐주는 태핑(tapping) 작업을 하거나 또는 포타필터를 아래로 살짝 두드려 커피가루가 가라앉도록 한다.
- 도징 레버를 당겨 포타필터의 빈 공간이 채워질 양 만큼만 도징한 후 탬핑한다.

탬핑과 태핑

탬핑이란 커피가루를 포타필터에 담아 탬퍼로 꾹 눌러 고르게 다지는 작업을 말한다. 탬퍼는 포타필터에 맞는 사이즈를 사용해야 하며, 일반적으로 알루미늄 재질로 된 것이 단단하고 균등하게 다지기 좋다. 탬핑과 태핑의 순서는 다음과 같다.

■ 1차 탬핑 : 탬퍼로 적당한 힘을 가해 커피가루가 수평이 되게 눌러 다지는 탬핑작업을 한다. 포타필터 아래 부분의 추출구는 커피액이 추출되는 부분으로 위생이 중요

그림 6-27 | 1차 탬핑

그림 6-28 | 태핑

그림 6-29 | 2차 탬핑

하다. 그러므로 포타필터를 작업대에 앞부분만 걸쳐 놓은 상태에서 탬핑하거나 깨끗한 작업대에서 실행한다.

- 태핑 : 포타필터의 내벽에 붙어 있는 커피가루를 떨어뜨리기 위해 탬퍼의 손잡이 부분으로 포타필터 외벽을 가볍게 쳐 주는 태핑작업을 하여 붙어 있는 커피가루가 떨어지게 한다.
- 2차 탬핑 : 내벽에서 떨어진 커피가루가 단단하게 다져질 수 있게 2차 탬핑을 한다. 이때도 1차 탬핑과 마찬가지로 수평을 유지하여 골고루 힘을 준다. 탬핑이 끝난 후

tip

태핑 작업과 2차 탬핑 작업 없이 1차 탬핑 후 곧바로 추출할 수도 있다. 태핑 기술에서 중요한 것은 고르게 커피가루가 분배되도록 적당한 압력으로 탬핑하는 것이다. 도징, 탬핑은 추출 시간, 추출 양과 관련있으므로 이를 고려하여 기술을 익히는 것이 중요하다.

포타필터 안의 커피가루가 적정선에 가깝게 잘 다져진 것을 볼 수 있다.

가장자리 청소하기

개스킷(gasket)과 접촉하는 면을 손으로 쓸어 커피 찌꺼기가 없도록 한다. 이 작업은 넉박스 위에서 한다.

포타필터 장착하기

포타필터를 그룹헤드에 장착한다. 초보자는 고개를 숙여 포타필터의 날개 부분과 그룹헤드의 장착 부분을 잘 맞도록 확인하면서 장착한다. 이때 투입량이 너무 많은 경우에는 잘 장착되지 않을 수도 있다.

추출 버튼 누르기

장착 후 즉시 버튼을 먼저 누른 후 잔을 추출구 아래 놓는다. 추출 버튼을 누르면 3~5초 후에 포타필터에서 에스프레소가 추출구에서 떨어지기 시작하기 때문이다. 이

그림 6-30 | 가장자리 청소

그림 6-31 | 포타필터 장착

그림 6-32 | 추출 버튼 누르기

그림 6-33 | 추 출

때 흐르는 줄기는 황금색을 띠며, 줄기는 마치 꿀이 떨어지는 느낌과 같다.

우유거품 만들기

우유거품은 스팀노즐(스팀분사구)에서 발산되는 스팀을 이용하여 만들 수 있다. 이것은 우유를 따뜻하게 데워주며, 우유에 공기를 주입하여 거품을 만들어 내는 역할을 한다. 우유 거품이 곱게 만들어져야 카푸치노, 라떼 등을 마실 때 입에 느껴지는 감촉이 좋으며 쉽게 거품이 사라지지 않게 된다.

준비작업

우유는 신선하고 차가운 우유를 사용한다. 항상 필요한 만큼의 우유를 데워야 하므로, 만들어야 할 커피 잔 수에 따라 피처의 용량을 달리하여 사용하는 것이 좋다.

그림 6-34 | 피 처

- 600mL(20온스) 피처 : 180mL 잔 커피 2잔, 240mL 잔 커피 1잔

- 960mL(32온스) 피처 : 180mL 잔 커피 3잔, 240mL 잔 커피 2잔

피처는 우유 온도와 마찬가지로 차가운 것을 사용하는 것이 좋다. 형태는 아랫부분에서 위로 갈수록 좁아지는 모양이며, 주둥이는 넓적한 것보다 뾰족한 것을 주로 사용한다.

피처에 우유 붓기

우유를 피처에 1/3~1/2 정도 담는다. 우유가 회전하며 거품이 생기는 공간이 필요하므로 1/2 이상은 담지 않는다.

스팀 배출

스팀잉 전에 짧게 스팀을 빼준다. 스팀 분사구에 고여 있는 물이 우유에 섞이지 않게 하기 위해서이다.

우유에 스팀노즐 담그기

스팀완드의 헤드 부분까지만 우유에 담근다. 표면에만 살짝 담근 상태에서 밸브를 작동시키면 거품이 한꺼번에 확 일어나고 반대로 너무 깊이 담그면 온도가 빨리 올라가 부드러운 거품을 만들 수 없으므로, 헤드 부분까지 담근다.

그림 6-35 ｜ 우유에 스팀노즐 담그기

스팀 밸브 열기

밸브를 재빠르게 충분히 열어준다.

공기 주입

스팀 피처를 아래로 낮추어 스팀노즐을 우유 표면에 위치시킨다. 우유가 회전하는 모습을 관찰하면서 회전점의 위치를 잘 찾아준다. 회전하는 우유의 모습은 마치 욕조 속에 있는 물이 빠져 나갈 때의 모습과 흡사하다. 이 작업은 스팀분사구가 우유 표면에 있으면

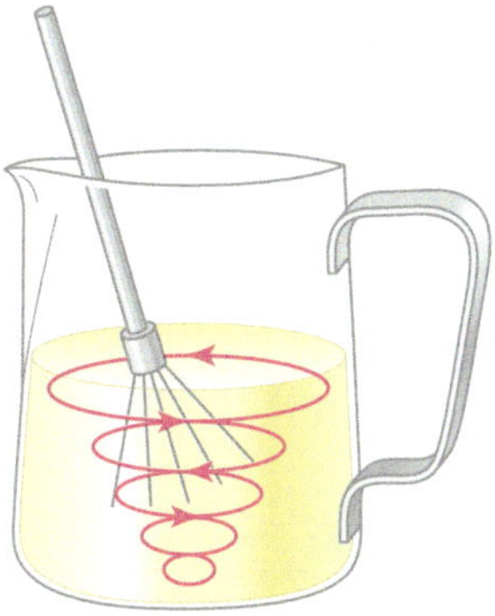

그림 6-36 ｜ 공기 주입

그림 6-37 | 공기 투입 과정

서 치익치익 소리(우유에 공기가 들어가는 소리)와 함께 우유에 공기가 주입되면서 거품이 만들어지고 부피가 증가되는 작업이다. 단, 이 작업을 너무 오래하면 거품과 우유를 완전히 혼합시킬 시간이 단축되어 질감이 풍부하지 않은 성글성글한 거품이 생겨버리기 십상이므로 온도가 올라가기 전 짧은 순간에 공기 주입 작업을 마치도록 한다.

혼합과 온도 맞추기

원하는 양만큼 거품이 만들어졌으면 온도가 약 65℃ 정도 올라갈 때까지 예열한다. 이때는 공기 주입 소리는 거의 나지 않고 회전만 하고 있으며, 공기 주입 단계에서 생성된 거품과 우유가 혼합되는 과정이다. 시각적으로는 거품이란 느낌보다는 생크림 같은 액상처럼 보이게 된다.

밸브 잠그기

우유의 온도가 약 65℃로 데워지면 스팀 밸브를 완전히 잠근다. 우유 온도를 너무 올리면 비린내가 나고 당분이 감소되며, 물 같은 농도로 변한다.

노즐 닦기

스팀 밸브를 다시 한 번 짧게 작동시켜 증기와 함께 남아 있는 우유를 빼낸다. 스팀 분출구에 묻어 있는 우유를 젖은 행주로 깨끗하게 닦아준다.

그림 6-38 I 노즐 닦기

Coffee Break

- 잔에 우유를 붓기 전 피처를 작업대에 1~2회 두드리고 롤링하여 우유 거품과 우유가 잘 혼합되도록 하고 표면의 잔여 거품을 없앤다.
- 카페라테, 카페모카 등 우유기품 양이 많지 않은 음료를 만들 경우는 위의 공기 주입 단계에서 공기 주입을 한두 번 정도만 한 후 온도를 올려주고 마무리한다.

3. 에스프레소 메뉴

에스프레소 Espresso

에스프레소는 스트레이트 샷을 그대로 마시는 음료로 커피의 강한 향미와 오래 지속되는 후미를 즐길 수 있다.

❶ 예열된 데미타세 잔을 사용하여 잔에 직접 커피를 추출한다.

❷ 고객의 요구에 따라 리스트레토(15~20mL), 에스프레소(25~30mL), 룽고(35~40mL) 도피오(더블샷)로 추출한다.

❸ 물과 설탕을 함께 제공한다.

tip

추출 양에 따른 에스프레소

- **리스트레토**(ristretto) : 20±5mL, 에스프레소 추출 시 커피와 물이 접촉하는 처음 단계에 좋은 향미들이 추출되며, 시간이 지날수록 농도는 연해지지만 원하지 않는 향미가 추출된다. 에스프레소 마니아들은 양은 적지만, 좋은 향미만을 음용하기 위해 추출을 짧게 하는 리스트레토를 즐긴다.
- **에스프레소**(espresso) : 30mL, 일반적으로 추출 시 30mL를 표준으로 한다.
- **룽고**(lungo) : 40±5mL, 에스프레소보다 조금 더 길게 추출하는 것으로 영어의 'long'을 의미한다. 30mL를 추출한 에스프레소보다는 원하지 않는 향미들이 섞이게 되지만, 양으로는 가장 많다. 업장에서는 카페모카, 카라멜 마키아토 등 시럽을 첨가하는 메뉴에 커피만을 살리기 위해 룽고로 추출을 하는 경우가 있다. 좋은 향미를 유지하기 위해 40mL 이상을 추출하는 것은 권장하지 않으며, 40mL 이상의 에스프레소를 원할 때는 도피오, 즉 더블샷을 권장한다.
- **도피오**(doppio) : 도피오란 영어로 더블(double)을 의미하며, 에스프레소 두 잔을 한 잔에 추출하는 것이다.

리스트레토 에스프레소 룽고 도피오

카푸치노 Cappuccino

에스프레소에 우유와 우유거품이 조화를 이루는 커피 메뉴로 전통 이탈리아 카푸치노는 150~180mL 잔에 제공한다. 카푸치노를 만들 때는 진한 에스프레소의 향미가 우유로 인해 사라지지 않도록 주의한다. 그러기 위해서는 잔의 크기가 달라져도 커피와 우유의 양을 1 : 4로 유지시켜 주어야 한다. 만약 300mL 잔에 카푸치노를 만들 경우는 더블샷을 베이스로 한다.

❶ 150mL 크기의 잔에 에스프레소를 30mL를 추출한다.

❷ 우유거품을 만든다.

❸ 우유거품을 따르기 직전 피처를 잘 흔들어서 우유와 우유거품을 잘 혼합해 주어 우유와 우유거품이 분리되지 않도록 한다.

❹ 에스프레소 위에 부을 때는 스팀 피처를 약간 높이 들고 천천히 부어 크레마가 사라지지 않도록 한다.

❺ 잔에 반 정도 우유가 차면 스팀 피처를 잔에 가까이 대고 좌우로 살짝 흔들어 하얀 거품이 가운데 자리 잡도록 하며, 잔에 가득 채워준다. 이때 크레마의 색깔과 우유거품의 비율이 1 : 2 정도로 시각적으로 진한 커피 크레마 색깔과 하얀 우유거품이 선명한 것이 좋다.

tip

향을 첨가한 카푸치노

카푸치노에 바닐라, 캐러멜, 헤이즐럿 등 향 시럽을 첨가하여 다양한 카푸치노 베리에이션 메뉴를 만들 수 있다.

카푸치노 평가

카푸치노는 바리스타 자격증 및 대회에서 바리스타의 기술을 평가하는 주요 메뉴이다. 바리스타의 우유거품 제조 기술을 평가할 수 있는 메뉴로 에스프레소 한 잔에 밀도 있는 우유와 1cm 정도의 거품으로 만들어진다. 전통적인 카푸치노는 150~180mL온스 잔에 에스프레소와 우유로만 만들어져 토핑이나 가루상태의 향신료 없이 제공된다.

- 시각적으로 카푸치노는 크레마와 우유의 색상이 조화롭고, 외형이 부드러우며 광택이 나야 한다.
- 잔의 가장자리에는 크레마 색상이 뚜렷하고 가운데 부분에 우유거품이 자리를 잡고 있어야 한다.
- 스푼으로 거품을 걷어냈을 때 1cm 이상의 거품과 거품의 품질은 거친 거품이 아닌 부드럽고 실크 같은 질감이어야 한다.

거품 두께 확인

카페 마키아토 Caffe Macchiato

마키아토란 '흔적', '얼룩'의 뜻으로 에스프레소 위에 우유로 흔적을 남겨준다는 의미의 메뉴이다.

❶ 데미타세 잔에 에스프레소를 추출한다.

❷ 우유 거품을 만든다.

❸ 에스프레소가 추출된 데미타세 잔에 우유거품을 살짝 얹거나 잔에 가득 채운다.

카페 콘파냐 Caffe Con Panna

콘파나란 생크림을 섞는다는 뜻으로 에스프레소 위에 생크림을 살짝 얹은 메뉴이다.

❶ 데미타세 잔에 에스프레소를 추출한다.

❷ 에스프레소가 추출된 에스프레소 잔에 생크림을 얹는다. 이때 테두리에는 크레마 색깔이 보이도록 생크림을 얹어, 시각적으로 커피색깔이 나게 한다.

아메리카노 Americano

이탈리아에서 즐겨마시는 에스프레소에 뜨거운 물을 희석하여 드립커피 농도로 만든 음료이다. 미국사람들이 즐겨마시는 에스프레소 음료로 '아메리카노'라 불린다.

방법 1

❶ 커피 잔에 뜨거운 물을 150~210mL 받는다.

❷ 에스프레소 샷잔에 에스프레소를 추출한다.

❸ 뜨거운 물이 담긴 커피 잔에 에스프레소를 붓는다.

방법 2

❶ 커피 잔에 에스프레소 30mL를 추출한다.

❷ 에스프레소가 추출된 커피 잔에 뜨거운 물을 부어준다.

카페라테 Caffe Late

'라테'란 우유라는 뜻으로 우유에 커피를 섞은 커피 맛이 강하지 않은 부드러운 우유 커피이다. 에스프레소에 데운 우유를 섞어 제공되며 카푸치노보다 좀 더 많은 우유에 거품은 거의 없거나 조금만 넣는다.

❶ 커피 잔에 에스프레소를 추출한다.

❷ 우유를 데운다. 약간의 공기 주입으로 거품을 조금만 형성하게 한다.

❸ 에스프레소에 데운 우유를 붓는다.

tip

향을 첨가한 라테

카페라테에 바닐라, 캐러멜, 헤이즐럿 등 향 시럽을 첨가하여 다양한 라테 베리에이션 메뉴를 만들 수 있다.

카페라테 마키아토 Caffe Late Macchiato

마키아토란 흔적이란 뜻으로, 우유거품 위에 에스프레소로 흔적을 남겨주는 메뉴이다. 라테처럼 연하고 카푸치노처럼 부드러운 우유거품이 특징이다.

❶ 에스프레소를 추출한 후 우유거품을 만든다.

❷ 잔에 우유거품을 9부 정도 가득 붓고 에스프레소를 우유거품 위에 천천히 부어준다.

❸ 시각적으로 우유, 에스프레소, 우유거품의 층으로 구분되는 효과를 얻을 수 있다.

tip

향을 첨가한 라테 마키아토

라테 마키아토에 바닐라, 캐러멜, 헤이즐럿 등 향 시럽을 첨가하여 다양한 베리에이션 메뉴를 만들 수 있다.

캐러멜 마키아토

카페 모카 Caffe Mocha

에스프레소에 초콜릿 소스와 데운 우유를 넣어 섞은 후 그 위에 생크림을 얹은 메뉴로, 커피와 초콜릿의 조화로운 맛이 어울리는 메뉴이다.

❶ 잔에 초콜릿 소스 또는 파우더를 넣어 준다.

❷ 에스프레소를 추출하여 초콜릿과 잘 섞어준다.

❸ 따뜻하게 데운 우유를 잔에 8부까지 부어준다.

❹ 위에 생크림으로 장식한다.

tip

생크림을 얹지 않는 경우 우유거품 위에 초콜릿 소스로 장식해 준다.

Chapter | 07
커피의 향미평가, 커핑

1. 커핑의 이해
2. 커피의 향과 맛
3. 커핑 테스트

Chapter | 07

커피의 향미평가, 커핑

현재 커피 시장의 패러다임은 스페셜 티 커피 시장이라 할 수 있다.

기존의 프리미엄 커피에서 스페셜 티 커피 시장으로 변화하는 시점에서 그 품질을 나누는 방법으로 커핑(cupping)을 가장 중요한 방법으로 쓰고 있다. 커핑은 커피 생두의 맛을 객관화한 방법으로 평가하여 소비자에게 세계화된 커피 시장에 질 좋은 커피를 공급하고, 나아가서는 열악한 환경의 커피 생산국의 농부들에게 그에 맞는 보상을 해주고, 커피에 관련된 교육을 하면서 다른 커피 생산국의 품종이나 재배・가공 방식을 교류하여 더 좋은 질의 커피를 생산할 수 있게 한다.

여기서 커피를 평가하고 맛보는 사람들을 커퍼(cupper)라 하는데, 이들은 맛에 관련해서 선천적인 감각보다는 반복적인 훈련과 많은 경험으로 커피를 체계적이고 객관적으로 평가하게 된다. 커퍼들은 주관적이기보다는 객관적으로 생두의 특성 및 가치를 평가하여 구매하는 소비자가 고급화된 커피 시장에 맞춰 갈 수 있게 정보를 알려 준다.

1. 커핑의 이해

1) **커핑이란**?

커핑은 커피의 맛과 향을 평가하는 방법이다.

생두는 커피나무의 품종과 나라, 가공 방식과 재배 방식에 따라 그 맛과 향이 다양하다. 또 생두의 보관과 유통단계에서도 그 맛이 보존되기도 변질되기도 한다. 그렇기 때문에 객관화된 기준으로 평가하여 각각의 커피 샘플이 가지고 있는 본래의 다양한 맛과 향의 실제적 차이와 특성을 파악하는 것이 중요하다.

또 커핑은 좋은 생두를 구입하거나 커피를 로스팅하는 로스터들이 원하는 맛을 찾기 위해 사용하는데, 그 종류가 다양한 커피 중에 생두가 가지고 있는 본래의 기본적인 맛과 향의 특성 및 차이와 가치를 파악하면 소비자들이 선호하는 특징의 생두를 구입하거나 로스터들이 로스팅을 할 때 원하는 맛을 찾을 수 있게 된다.

현재 커핑과 관련해서 가장 빠른 확장을 보이고 있는 것이 SCAA의 큐 그레이더(Q-grader) 커핑 저지(cupping judge)와 COE 커핑 저지(COE cupping judge)이다.

2) 평가기준

커피를 평가하는 커퍼들은 전 세계적으로 공통화된 기준으로 커피의 특성을 파악하고 그들이 느끼는 커피의 맛과 향의 질을 객관화하여 숫자로 평가하고 나타낸다. 여기서 나타낸 숫자의 합계에 따라 생두는 등급으로 나누어진다.

평가는 프레이그런스/아로마, 플레이버, 여운, 신맛, 바디감/마우스필, 밸런스, 동일성, 클린 컵, 단맛, 결점두, 오버롤 등으로 한다. 이것들은 오버롤을 제외하고는 커퍼 개개인의 맛의 느낌보다는 커피 맛에 관련해서 커퍼의 많은 경험과 반복적인 감각훈련을 토대로 커피를 체계적이고 객관적으로 평가하게 된다.

프레이그런스/아로마 fragrance/aroma

프레이그런스는 분쇄된 커피를 기체 상태에서 평가하는 것이다. 아로마는 분쇄된 커피에 물을 붓고 수증기 상태로의 커피 향을 평가하는 것이다.

향의 강도를 중심으로 평가한다.

플레이버 flavor

플레이버는 커피를 시음하고 느끼는 과정에서 크게 아로마, 신맛 그리고 여운의 순서 중 중간 단계의 느낌을 말한다. 이것은 맛과 향을 동시에 평가하는 것으로 맛과 향의 강도성, 다양성, 풍부성을 중심으로 평가하면 된다. 여기에서는 슬러핑(slurping)이 중요한 역할을 하는 부분이기도 하다.

tip

슬러핑(sluping)이란?
반 스푼 정도의 커피를 공기와 함께 입 안으로 흡입해 스프레이처럼 입 안 전체에 커피를 뿌리는 것으로 커피의 맛과 향을 좀 더 느낄 수 있도록 하는 커핑 테크닉이다.

여운 aftertaste

여운이란 커피를 삼키고 나서 좋은 맛과 향이 느껴지는 시간을 말하는 것이다. 시음 후에 입에 남는 맛과 향이 나쁜 느낌으로 남거나 너무 짧게 남는 경우는 낮은 점수를 받는다.

tip

커피의 탄맛은 여운이 길게 남는데, 이 맛은 커피 본연의 맛이 아니므로 낮게 평가한다.

신맛 acidity/brgihtness

신맛은 커피를 시음(sluping)했을 때 가장 먼저 느껴지는 맛으로 커피의 단맛, 향의 생동감과 바디감 등에도 영향을 주는 매우 중요한 평가 항목이기도 하다. 이것은 단순히 신맛의 강도가 높다고 해서 좋게 평가되는 것이 아니라 신맛의 강도와 함께 풍부한 아로마, 단맛 등 복합적인 신맛이 좋은 평가를 받는다. 예를 들어, 식초처럼 가볍고 날카로운 신맛이 아니라 과일에서 느껴지는 상큼하고 화사한 신맛을 좋게 평가한다.

좋은 신맛은 에시더티(acidity)라고 하고 식초처럼 날카롭고 가벼운 신맛은 사워(sour)라고 한다. 신맛은 커피 생산지의 특성과 로스팅 등도 고려해서 평가한다.

예를 들어, 케냐의 신맛과 브라질 내추럴의 신맛을 같은 기준을 평가해서는 안 되고, 케냐 커피의 신맛 평가는 일반적인 케냐 커피의 신맛을 기준으로, 케냐 커피에 비해 신맛이 많이 낮은 브라질 내추럴 커피는 그에 맞는 낮은 기준으로 평가해야 한다.

바디감 body/mouthfeel

커피를 입 안에 머금었을 때, 입 안에서 느껴지는 액체의 점성이나 무게 또는 오일감을 말한다. 대체로 그 촉감이 무겁거나 오일감이 많이 느껴질수록 바디감이 좋다고 말한다. 이는 커피의 성분이 많을수록, 그 커피 오일 성분에 많은 아로마가 녹아져 있기 때문이다.

동일성 uniformity

동일성이란 커피의 전체적인 일관성을 평가하는 것으로 5개 컵 커피 샘플의 커피 맛이 얼마나 같은지를 평가하는 것이다 .

밸런스 balance

밸런스란 커피 각각의 특성들이 얼마나 서로 조화롭게 이루고 있는가를 평가하는 것이다. 플레이버, 바디감, 신맛, 여운 등의 조화를 말한다. 예를 들어, 바디감은 매우 좋으나 상대적으로 플레이버가 없으면 밸런스가 낮게 평가된다.

클린 컵 clean cup

클린 컵이란 커피의 투명도로 커피를 마시는 순간부터 마신 후까지 부정적인 요소가 있는지를 판정하는 것이다. 커피 결점두의 영향으로 나올 수 있는 맛과 향(예를 들어, phenolic, earthy, woody, baggy 등) 등 커피 특성 외의 다른 맛이 없는 경우가 높은 등급을 받는다.

단맛 sweetness

각 컵의 단맛을 평가하는 것으로 일반적인 음료에서 나는 인위적 단맛의 느낌이 아니라 커피의 향미에 영향을 주어 전체적으로 풍부한 느낌이 나도록 도와주는 단맛을 말한다.

반대말로는 사워(sour), 에스트로젠시(astrigency ; 떫은맛), 그린(green)의 느낌을 들 수 있다.

오버롤 overall

각 특성에 따른 총 합계가 아니고, 커퍼 각자의 커피에 대한 선호도를 기준으로 평가한다.

결점두 defects

결점두에 대한 평가로 각 컵당 결점두의 유무에 따라 점수를 부여하는 것으로 크게 테인트(taint)와 폴트(fault)로 나누어 평가할 수 있다.

테인트는 크게 느껴지지 않으며 주로 아로마 쪽에서 느낄 수 있다. 폴트는 맛에서 쉽게 느껴지며 그 강도가 매우 강하다.

3) 커핑 준비사항

로스팅

커핑용 커피는 로스팅 시간이 8~12분 정도된 것(light-medium loasting)을 사용하며, 24시간 이내에 볶은 것으로 최소 8시간이 지난 것을 사용한다. 이때 원두는 스코칭(scorching), 티핑(tipping)이 없는 것을 사용한다. 분쇄된 커피의 컬러는 에그트론(Agtron) 수치로 63(±), 홀빈(whole bean)의 경우는 58이 적당하다. 커핑 커피는 밀폐용기에 담아 실내온도 20℃ 정도의 시원하고 어두운 곳에 보관하였다 사용한다.

tip

에그트론(Agtron) 수치

로스팅된 커피를 미국 에그트론(Agtron) 사의 M-basic이라는 기계를 이용해 수치를 매긴 컬러 분석 도구로 Tile #95~#25까지 8단계로 분류되어 있다.

분 쇄

분쇄도는 종이필터 드립 추출보다는 약간 큰 사이즈로 한다(미국표준협회 20메시(mesh sieve) 필터를 70~75% 통과한 것이다). 되도록 물 붓기 15분 전에 커피의 샘플은 분쇄되어야 한다. 이것이 불가능하다면 분쇄된 샘플을 뚜껑을 덮은 상태에서 최대 30분 안에 분쇄된 것을 써야 한다. 뚜껑을 덮는 이유는 분쇄된 커피의 프레이그런스가 날라가지 않도록 하는 것이다.

커피의 양

커피의 양은 홀빈 상태에서 무게를 체크하여 준비한 5개의 커핑용 컵에 준비한다. 일반적으로 물과 커피의 비율은 컵당 물 150mL에 커피 8.25g을 준비한다.

물

물은 커피의 맛뿐만 아니라 커핑에서 매우 중요한 역할을 한다. 물은 깨끗하고 냄새가 나지 않는 것으로 증류수나 연수가 안 된 물을 사용한다.

TDS(Total Dissolve Solids) 125~175ppm 정도를 사용하고 100ppm 이하이거나 250ppm 이상의 것은 안 된다.

물과 커피의 비율

홀빈 커피 8.25g에 물 150mL로, 커피의 양과 물의 양은 같은 비율에 따라 조절 가능하다.

물 붓기

신선한 물을 끓인 것으로 온도는 93℃ 정도에서 붓는 것이 좋다. 이때 데워진 물은 커핑 컵의 가장자리에 부어 분쇄된 커피가 잘 적셔지도록 한다.

tip

커피 분쇄 시 각 샘플마다 같은 종류의 커피를 더 준비하여 커피 그라인더의 린싱을 위한 커피를 분쇄해야 한다. 그라인더의 린싱은 전에 분쇄된 커피의 잔 내음을 제거하기 위함이다.

4) 커핑 순서

❶ 커핑용 기구 준비하기

커핑용 컵을 준비한다. 커핑용 컵은 각각의 샘플의 종류에 따라 다섯 컵을 한 세트로 준비한다. 또 커핑용 스푼과 커피 샘플의 컵과 컵 사이의 이동 시 커핑용 스푼을 린싱할 수 있는 린싱 컵, 입에 머금었던 커피를 다음 커피 시음을 위해 뱉어낼 수 있는 보조 컵, 커핑할 때 커피가 물에 담겨 있는 시간에 따라 맛의 변화를 체크하기 위한 타이머, 저울 등을 준비한다.

그림 7-1 | 커핑을 위한 준비물

❷ 컵에 커피 샘플 나눠 담기

5개의 컵에 커피 샘플을 홀빈 상태에서 무게를 체크한 후 같은 양을 나눠 담는다. 이때 린싱용 컵에도 같은 샘플의 커피를 담아 놓는다.

그림 7-2 ㅣ 홀빈을 담은 커핑 샘플

❸ 커피 분쇄하기

커피를 분쇄한다. 한 세트 분쇄 후 다른 커피 샘플의 경우, 커피(커핑용 샘플과 같은 종류의 커피)를 따로 준비하여 분쇄한다. 이는 이전 그라인더(grinder)에 분쇄된 커피의 잔 내음을 제거하기 위함이다.

그림 7-3 ㅣ 분쇄한 커핑 샘플

❹ 분쇄된 커피 뚜껑 덮기

분쇄된 커피는 향이 날아가지 않도록 뚜껑을 덮어 놓는다. 커피의 분쇄는 물 붓기 15분 전에 분쇄하여야 한다.

그림 7–4 | 뚜껑을 덮은 커핑 샘플

❺ 분쇄된 커피 냄새 맡기

준비된 5개의 컵 중 하나의 뚜껑을 열고 분쇄한 커피에서 나는 기체 상태의 냄새(프레이그런스)를 맡는다. 냄새를 맡은 후 다시 뚜껑을 덮고 옆의 컵의 냄새를 맡는다.

그림 7–5 | 분쇄된 커피 냄새 맡기

❻ 물을 부은 후 커피 냄새 맡기

프레이그런스를 파악했으면, 신선한 물을 끓인 93℃ 정도의 물을 컵의 가장자리에 분쇄된 커피가 잘 적셔지도록 붓는다. 물을 부은 후 올라오는 수증기의 향(아로마)을 맡는다. 이때 물을 부음과 동시에 타이머를 누른다.

그림 7-6 | 물을 부은 후 커피 냄새 맡기

tip

물 붓는 방식에 따라 커피 샘플에 난류가 생겨 커피 맛의 차이가 생길 수 있기 때문에 물은 되도록 한 사람이 붓는 것이 좋다.

❼ 브레이크와 린싱하기

아로마를 체크하면서 4분 후에 브레이크(break)를 한다. 브레이크는 커핑 전용 스푼으로 컵 위에 떠 있는 커피 찌꺼기들을 밀어내면서 커피 층 아래에 있는 향기를 맡는 것이다.

이때 각각의 컵에 대한 브레이크 시 이전에 사용한 스푼은 다른 컵의 향미에 영향을 줄 수 있으므로 반드시 린싱을 하고 다음 컵 브레이크를 한다.

그림 7-7 ㅣ 브레이크와 린싱

tip

브레이크 시 뭉쳐 있던 향을 맡을 때, 숨을 내쉬기보다는 들이키면서 층에 갇혀 있던 향의 대부분을 느낄 수 있도록 해야 한다. 떠 있는 커피 찌꺼기를 가를 땐 위에 떠 있는 찌꺼기만을 가르고 아래에 가라앉아 있는 커피 층은 흐트러지지 않도록 한다.

❽ 커피 찌꺼기 제거하기

다시 4분 후에 컵에 떠 있는 찌꺼기를 스푼을 사용하여 제거한다. 이 커피 찌꺼기를 제거할 때도 마찬가지로, 커핑 스푼이 다른 컵의 향미에 영향을 줄 수 있으므로 린싱을 하면서 하도록 한다. 제거 후엔 시음(sluping)을 시작한다.

그림 7-8 | 커피 찌꺼기 제거하기와 린싱

❾ 커피 시음하기

커피를 시음할 땐, 입 안에 들어온 커피를 머금고 그 맛과 향의 강도성, 다양성, 풍부성과 신맛, 바디감 또 밸런스를 느낀 후 준비한 보조 컵에 입 안에 남은 커피를 뱉는다.

그림 7-9 | 커피의 시음

⑩ 커피의 여운 느끼기

입에 머금고 있던 커피를 뱉은 후 입 안에 남은 커피의 여운(aftertaste)이 어떤 느낌인지 생각한다.

그림 7-10 | 시음 후의 여운 느끼기

tip

남은 여운의 느낌이 긴지 짧은지 느낀다. 커피의 맛과 잡맛의 여운을 구분하여야 하는데, 예를 들어 여운의 느낌이 같은 쓴맛이라 하더라도 타서 나는 맛인지, 커피의 특징 중 하나인 초콜릿 여운의 쓴맛인지 구분하여야 한다.

⑪ 2차 커피 시음하기

다음 컵의 커피를 시음한다. 이때도 마찬가지로 스푼 린싱을 하면서 진행하도록 한다.

그림 7-11 I 린싱과 시음 계속하기

⑫ 반복 시음하기

5개의 컵을 시음한 후 커피의 온도가 식어감에 따라 달라지는 향미의 변화를 느끼기 위해 다시 반복하여 시음한다.

그림 7-12 I 반복 시음하기

2. 커피의 향과 맛

커피에는 어떠한 향미들이 있을까?

커피의 다양한 향미는 크게 맛(tasts), 향(flavor) 그리고 결점두의 향미로 나눌 수가 있으며, SCAA의 플레이버와 아로마 휠(Flaveor & Aroma Wheel)을 참고해서 이해하도록 한다(그림 7-13).

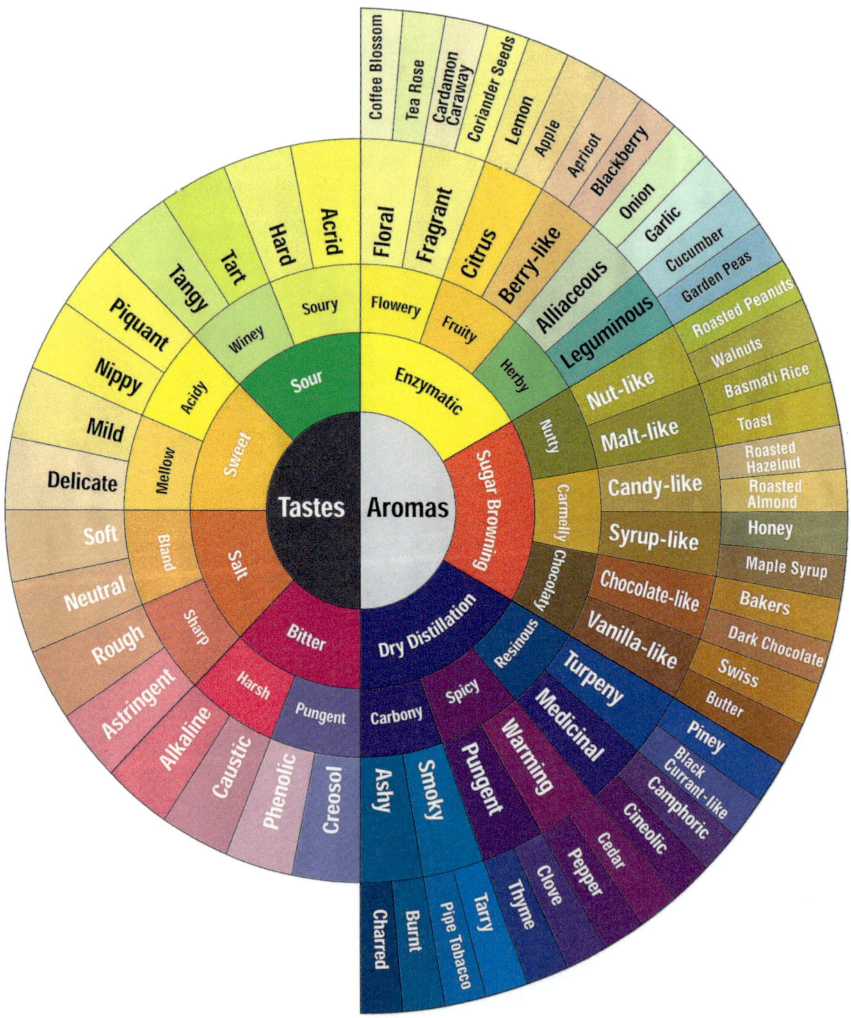

그림 7-13 | SCAA의 맛과 아로마 휠

이는 콜롬비아커피협회의 커피 향미에 대한 조사 자료를 토대로 향미를 효소, 당의 갈변, 건열 반응, 결점두의 원인 등 4개의 성분별로 구분지었고, 이를 샘플로 만들어 놓은 아로마키트를 이용해 느낄 수 있다.

그림 7-14 | 아로마키트

1) 효소에 의한 향미

생두가 자라면서 생성되는 향미들을 효소(emzymatic)에 의한 생성이라고 한다. 휘발성이 강하며 커피 본연의 특성이라 할 수 있다.

플라워리 Flowery

재스민 꽃이나 가볍고 화사한 꽃의 느낌을 말한다.

- 플로럴(floral) : 커피블라섬(coffee blossom), 티로즈(tea rose)
- 프레이그런트(fragrant) : 카다멈(cardamom), 고수씨(coriander seeds)

프루티 Fruity

과일의 상큼한 신맛이나 잘 익은 과일에서 신맛과 함께 느껴지는 과일의 향미들을 말한다.

- 감귤류(citrus) : 레몬(lemon), 사과(apple)
- 베리류(berry-like) : 살구(apricot), 블랙베리(balckberry)

허비 Herby

채소나 허브에서 느낄 수 있다.

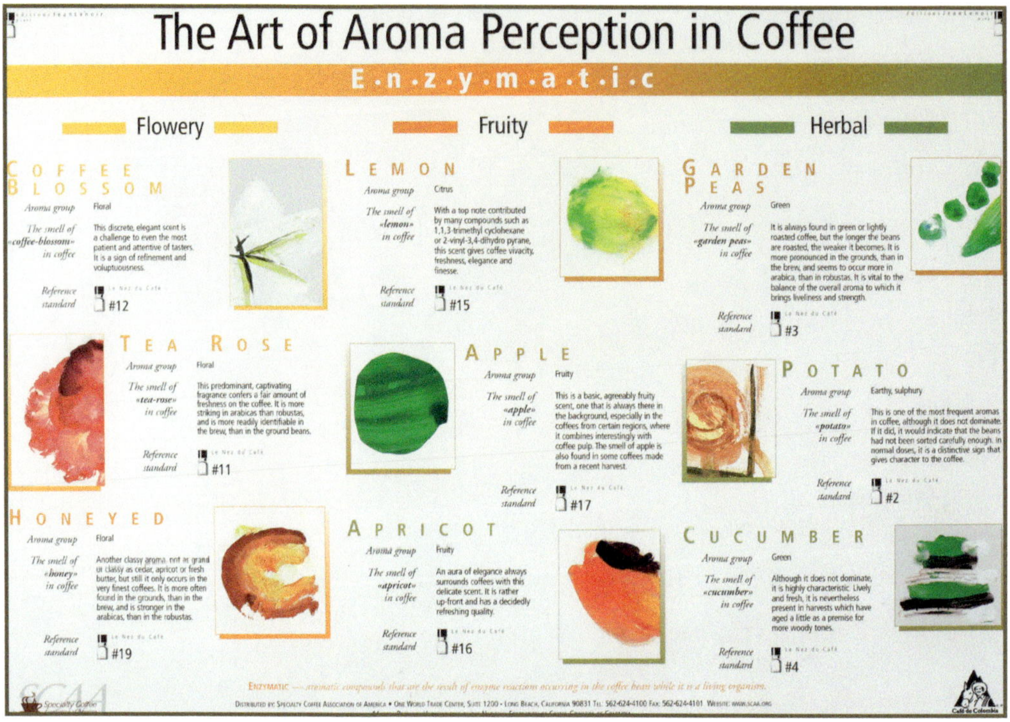

그림 7-15 ｜ 효소에 의한 커피의 향미

- 풀류(alliaceous) : 양파(onion), 마늘(garlic)
- 콩류(leguminous) : 오이(cucumber), 완두(garden peas)

2) 당의 갈변에 의한 향미

당의 갈변에 의한 향미 형성(sugar browning)은 로스팅 때 당의 갈변작용(caramelization)에 의해 향의 특성이 형성되며, 로스팅 정도에 따라 그 특징이 다르다.

너티 Nutty

주로 약하게 배전된 커피에서 느낄 수 있는 특성인데, 고소한 느낌보다는 약간 덜 볶은 콩의 느낌이라고 할 수 있다.

- 견과류(nutty) : 볶은 땅콩(roasted peanuts), 호두(walnuts)
- 맥아(malt) : 바스마티 라이스(basmati rice), 토스트(toast)

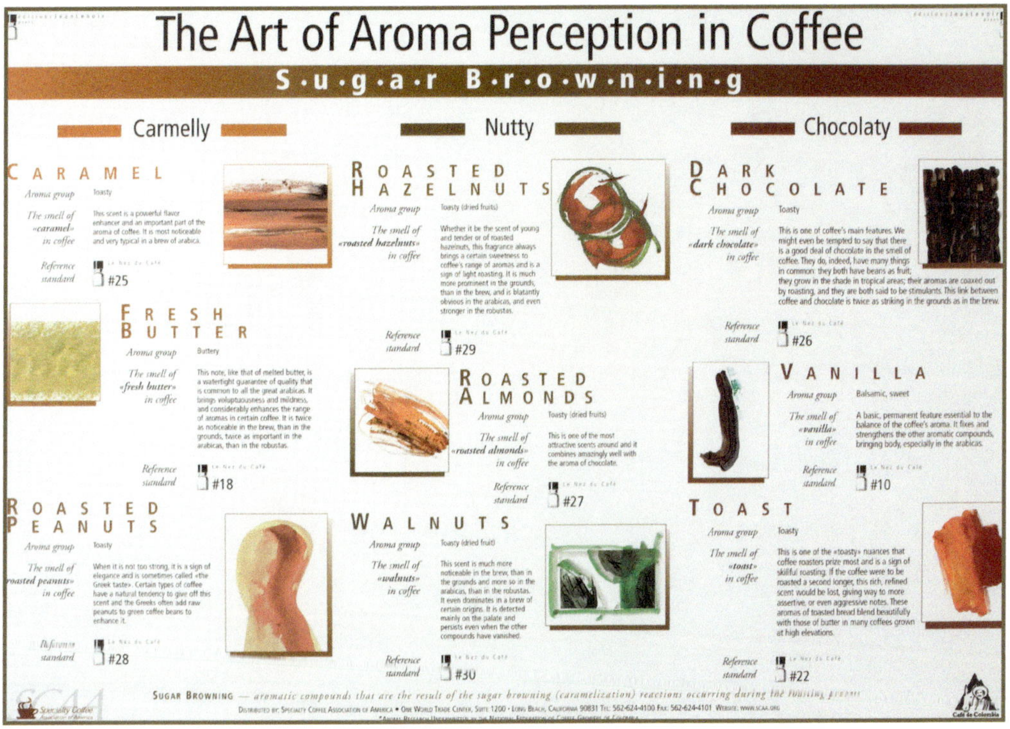

그림 7–16 | 당의 갈변에 의한 커피의 향미

캐러멜 Caramelly

커피에서 가장 쉽게 느낄 수 있는 특성 중에 하나로 가벼운 느낌의 단맛과 무거운 느낌의 단맛으로 나눌 수 있다.

- 캔디(candy) : 구운 헤이즐럿(roasted hazelnuts), 구운 아몬드(roasted almonds)
- 시럽(syrup) : 꿀(honey), 메이플 시럽(maple syrup)

초콜릿 Chocolaty

초콜릿 또한 가장 쉽게 느낄 수 있는 특성 중의 하나이다. 초콜릿 특유의 쓴맛의 강도나 특성에 따라 구분된다.

- 초콜릿류(chocolate type) : 제과용 초콜릿(baker's chocolate), 다크 초콜릿(dark chocolate)
- 바닐라류(vanilla type) : 버터(butter)

3) 건열 반응에 의한 향미

로스팅 시 생두 섬유질의 건열로 형성되는 맛과 향이다. 가장 늦게 증발하고, 주로 여운에서 느낄 수 있다.

송진향 Resinous

- 테레빈유향(turpeny) : 소나무향(piney), 블랙 커런트 줄기(black current-like)
- 한약향(medicinal) : 장뇌삼(camphoric), 시네올(cineolic)

향신료향 Spicy

- 화한 느낌(warning) : 삼나무(ceder), 후추(pepper)
- 톡 쏘는 느낌(pungent) : 정향(clove), 타임(thyme)

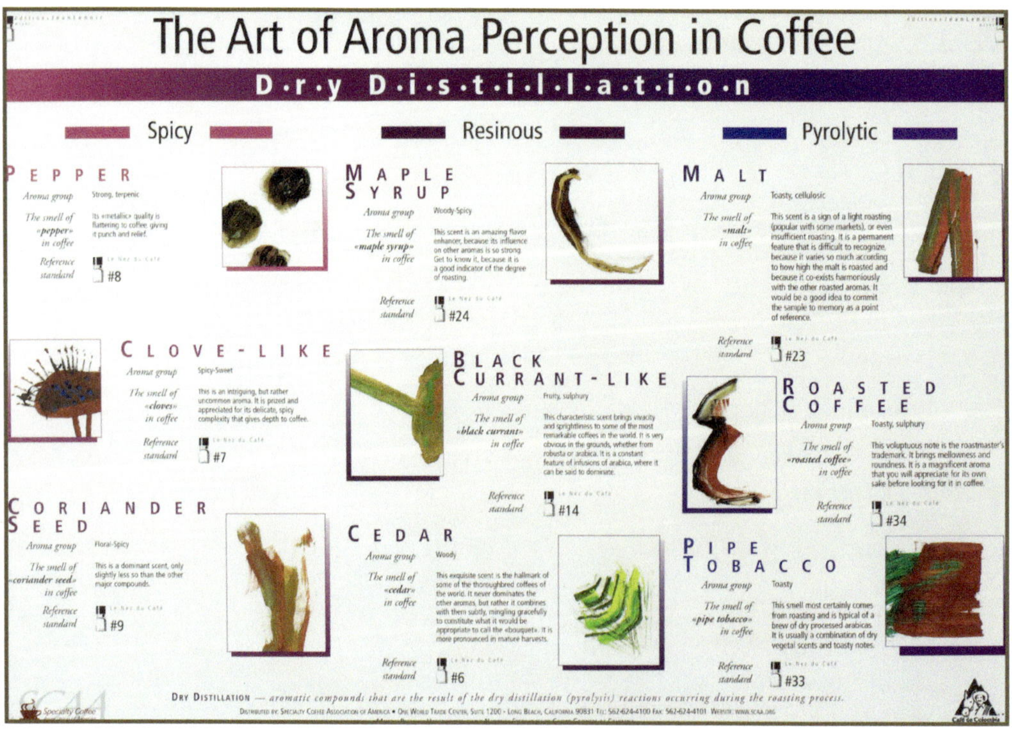

그림 7–17 | 건열 반응에 의한 커피의 향미

탄향 Carbony

- 스모키(smoky) : 타르(tarry), 파이프 담배 또는 시가(pipe tobacco)
- 재(ashy) : 탄(burnt), 숯(charred)

4) 결점두의 원인에 의한 향미

커피의 향미는 생두 자체에서 형성된 맛과 로스팅에 의한 맛과 향으로 크게 나눌 수가 있다.

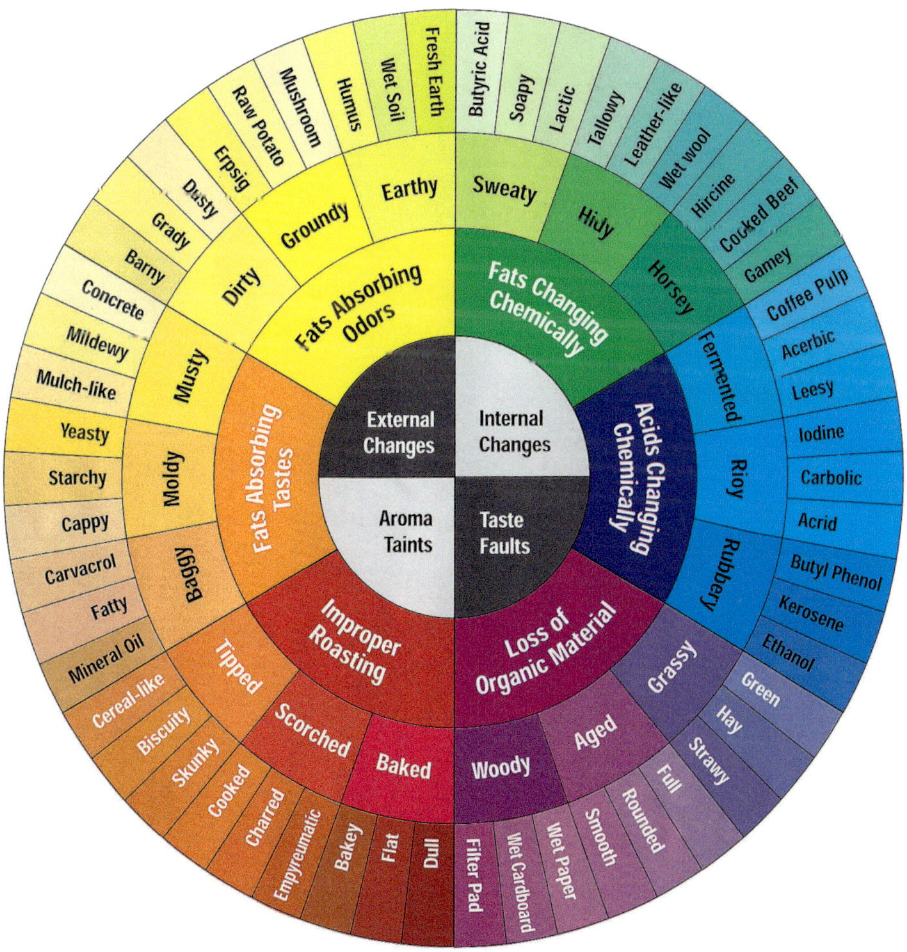

그림 7–18 | 결점두의 원인에 따른 향미

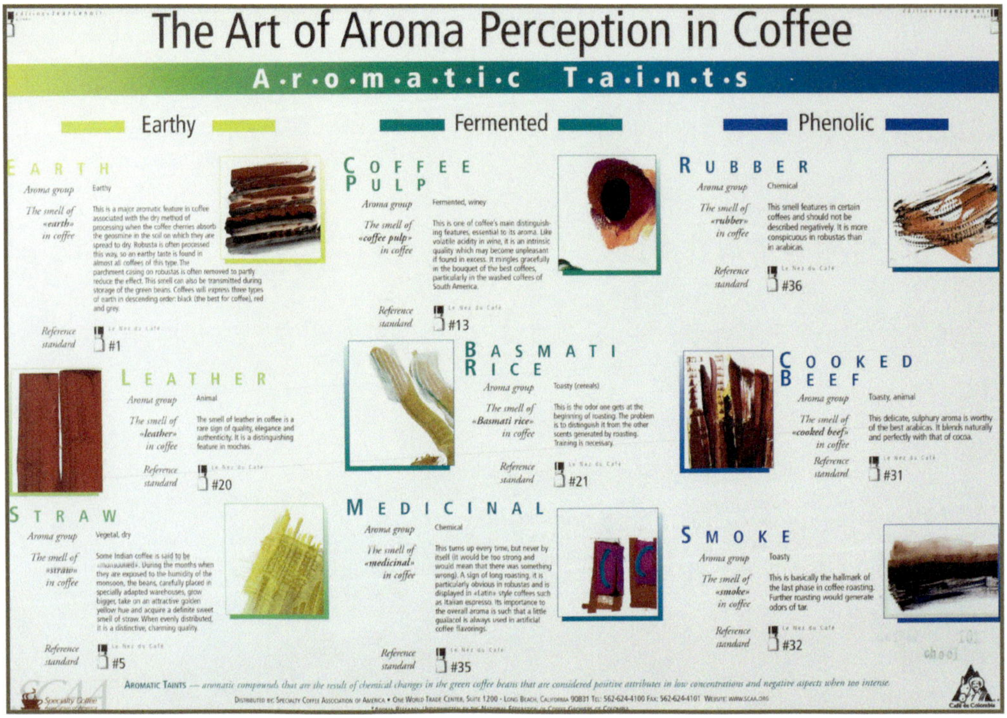

그림 7–19 ㅣ 결점두에 의한 커피의 향미

수확과 건조단계에서 발생

커피열매의 수확과 건조단계에서 발생하는 특성들이다. 이것은 열매와 생두에서 지속적으로 변하는 효소에 따라 발생한다.

- 리오이(rioy) : 요오드나 병원의 소독약 같은 냄새가 나며, 커피열매를 제때에 수확하지 않고, 너무 오랫동안 매달려 있어 계속 발효되면서 박테리아를 유발시켜 발생하는 것이다. 페놀릭(phenolic)과 비슷하다.
- 고무향(rubbery) : 고무 태운 냄새와 비슷하며, 커피열매가 제때에 수확되지 않고 계속 발효가 되면서 효소의 계속적인 변화로 인해 발생, 주로 내추럴 로부스타에서 발생한다.
- 퍼먼티드(fermented) : 열매가 너무 익어서 발효되는 경우나 수세식 과정에서 너무 오랜 시간 발효하는 경우에 주로 발생한다. 이것은 와이니(winey)한 느낌이 나는

그림 7-20 I 얼 시

그림 7-21 I 퍼먼티드

지나치게 익은 향(over-ripe)과는 구분을 해야 한다.

- 얼시/머스티(earthy/musty) : 너무 습한 곳에 보관하거나 완전히 건조하지 않고 배로 이동하는 경우에 발생한다. 아주 미세하게 느껴질 경우에는 커피의 특성으로 볼 수도 있다.

저장과 숙성단계에서 발생

생두가 잘 건조되더라도 보관 환경과 시간이 지남에 따라 생두 안의 효소와 산(ph)의 영향으로 계속 맛과 향에 변화를 가져 오게 된다.

- 패디드/배기(faded/baggy) : 너무 습한 곳이나 건조한 곳에 생두를 보관하거나 너무 오랫동안 생두를 보관하는 경우에 발생한다. 향이 없는 생나무, 건초, 젖은 종이 냄새와 비슷하다.

그림 7-22 I 배 기

로스팅 과정에서 발생

- 그린(green) : 풀냄새 또는 채소의 이파리 냄새가 나며, 너무 낮은 열(불충분한)로 장시간 로스팅하는 경우에 발생한다.
- 베이크트(baked) : 커피가 덜 로스팅이 되는 경우, 너무 오랜 시간 로스팅하는 경우 날카롭거나 곡물과 같은 맛이 나며 바디감이 무척 가볍다.
- 티피드(tipped) : 로스팅 시 초기의 드럼온도가 너무 높거나 드럼에 생두의 양이 너무 많을 때 발생하는 것으로 커피의 끝 쪽에 탄 자국이 보인다. 단맛이 없으며 탄맛이나 스모키한 맛이 특징이다.
- 스코츠드(scorched) : 주로 커피 원두의 평평한 부분에 탄 자국이 보인다. 단맛이 없으면서 탄맛과 스모키한 맛이 특징이고, 너무 많이 가열된 로스터 드럼, 또는 너무 많은 생두가 드럼에 들어간 경우 발생한다.
- 퀘이커(quaker) : 덜 익었거나 물에 뜨는 생두인 경우 로스팅을 거치고 나면 밝은 갈색을 띠게 된다. 퀘이커는 자극적이지 않은 맛이나 쓴맛을 낸다.

그림 7-23 | 티피드

그림 7-24 | 퀘이커

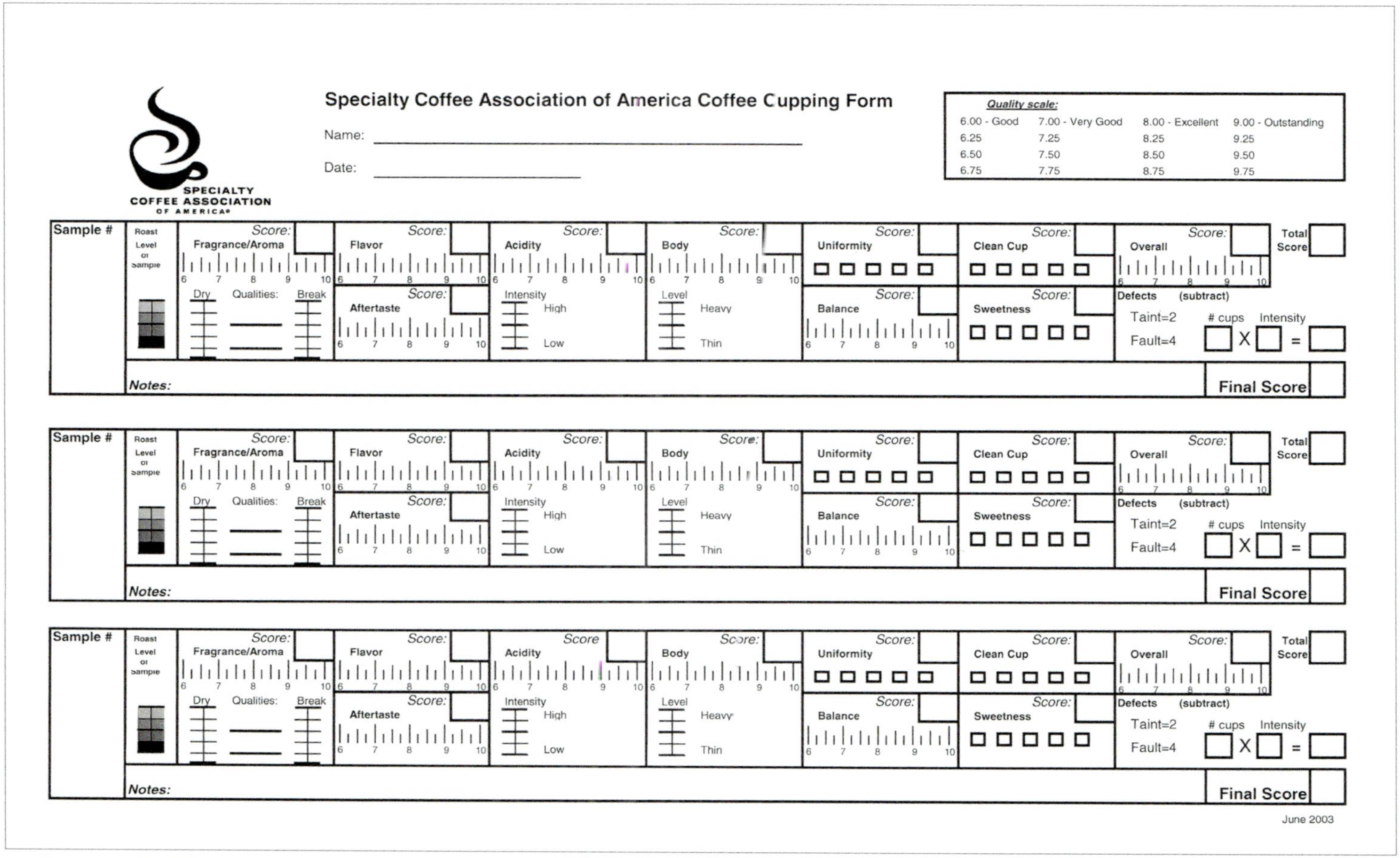

Specialty Coffee Association of America Coffee Cupping Form

SPECIALTY COFFEE ASSOCIATION OF AMERICA

Name: ______________________

Date: ______________

Quality scale:

6.00 - Good	7.00 - Very Good	8.00 - Excellent	9.00 - Outstanding
6.25	7.25	8.25	9.25
6.50	7.50	8.50	9.50
6.75	7.75	8.75	9.75

Sample # | Roast Level of Sample | Fragrance/Aroma Score: 6 7 8 9 10 — Dry, Qualities:, Break | Flavor Score: 6 7 8 9 10 | Aftertaste Score: 6 7 8 9 10 | Acidity Score: 6 7 8 9 10 — Intensity High Low | Body Score: 6 7 8 9 10 — Level Heavy Thin | Uniformity Score: | Balance Score: 6 7 8 9 10 | Clean Cup Score: | Sweetness Score: | Overall Score: 6 7 8 9 10 | Defects (subtract) Taint=2 Fault=4 # cups X Intensity = | Total Score | Notes: | Final Score

Sample # | Roast Level of Sample | Fragrance/Aroma Score: 6 7 8 9 10 — Dry, Qualities:, Break | Flavor Score: 6 7 8 9 10 | Aftertaste Score: 6 7 8 9 10 | Acidity Score: 6 7 8 9 10 — Intensity High Low | Body Score: 6 7 8 9 10 — Level Heavy Thin | Uniformity Score: | Balance Score: 6 7 8 9 10 | Clean Cup Score: | Sweetness Score: | Overall Score: 6 7 8 9 10 | Defects (subtract) Taint=2 Fault=4 # cups X Intensity = | Total Score | Notes: | Final Score

Sample # | Roast Level of Sample | Fragrance/Aroma Score: 6 7 8 9 10 — Dry, Qualities:, Break | Flavor Score: 6 7 8 9 10 | Aftertaste Score: 6 7 8 9 10 | Acidity Score 6 7 8 9 10 — Intensity High Low | Body Score: 6 7 8 9 10 — Level Heavy Thin | Uniformity Score: | Balance Score: 6 7 8 9 10 | Clean Cup Score: | Sweetness Score: | Overall Score: 6 7 8 9 10 | Defects (subtract) Taint=2 Fault=4 # cups X Intensity = | Total Score | Notes: | Final Score

June 2003

그림 7-25 | SCAA 커핑 시트지

3. 커핑 테스트

1) SCAA 커핑 시스템

SCAA 점수 채점하는 법

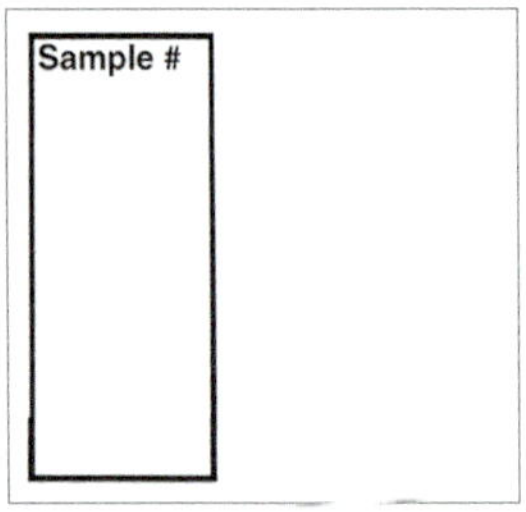

커피 샘플에 대한 정보 적기 sample #

- 커피의 샘플 번호와 샘플에 대한 정보를 적는다.
- 예 : 콜롬비아 카오카 게이샤

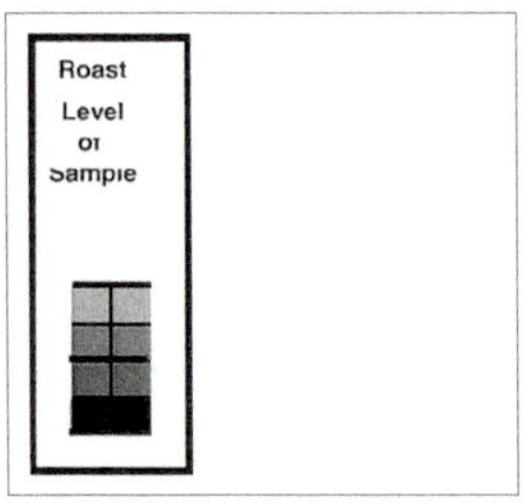

로스팅 정도 표시하기 roast level of samples

- 커피 샘플의 로스팅 정도를 표시한다. 샘플과 비슷한 컬러에 표시한다.
- 커핑 목적에 따라 로스팅을 달리할 수도 있다.

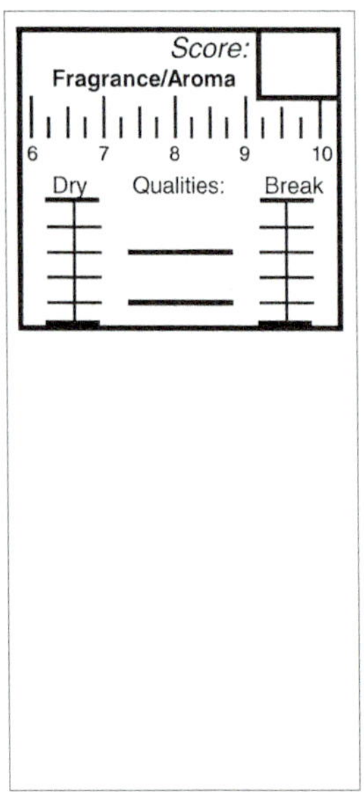

프레이그런스/아로마 체크하기 fragrance/aroma

커피를 시음하기 전 상태에서 커피의 향 부분만 체크하는 것이다.

- 프레이그런스 : 분쇄된 커피 향을 맡는다. 커피 향의 풍부성과 특성을 체크한다.
- 아로마 : 물을 부은 후에 수증기로 올라오는 향과 브레이크 때의 향을 체크한다.
  - 드라이(dry) : 분쇄된 상태의 커피 향에서 나오는 풍부성(양적 기준)을 표시한다.
  - 퀄리티(qualities) : 샘플의 커피 향에서 나오는 특성을 적는다.

(예 : 초콜릿(chocolate), 꽃향기(floral), 블랙베리 (balckberry) 등)

- 브레이크(break) : 커핑 스푼으로 가를 때 나오는 향의 풍부성과 단맛을 평가 표시한다.

tip

- 드라이, 퀄리티와 브레이크는 참고로 쓰일 뿐 직접적인 점수와는 차이를 보일 수 있다.
- 수평 체크 부분은 실제적인 향의 양뿐만 아니라 질적인 부분도 함께 고려하여 채점한다.

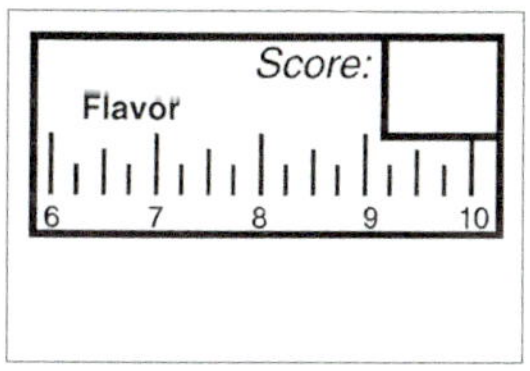

플레이버 체크하기 flavor

- 커피의 맛과 향을 함께 평가한다.
- 향미의 풍부성, 다양성, 강도성을 평가하여 체크한다.

tip

- 향미의 다양성과 풍부성을 구분지어 생각해야 한다.

여운 느끼기 aftertaste

- 시음한 커피를 뱉은 후 입 안에 남는 느낌을 적은 것으로 좋은 향미가 오래 남을수록 좋은 점수를 준다. 자극적이고 날카롭고 텁텁한 느낌의 향미가 입 안에 남을 경우에는 좋은 여운이라 할 수 없다.
- 탄맛과, 결점두맛을 예로 들 수 있다. 그 맛의 자극성을 긴 여운이라 잘못 판단해 평가를 할 수 있으니 유의해야 한다.

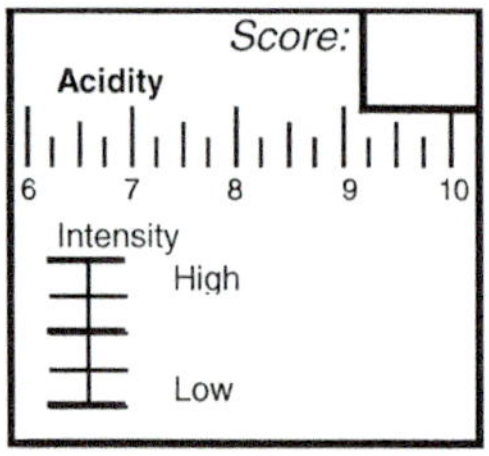

신맛 느끼기 acidity

- 신맛은 커피를 시음했을 때 처음에 느껴지는 맛으로, 브라이트(bright)한 느낌에서 무게감과 단맛이 같이 느껴지는 신맛이 좋은 신맛이라 할 수 있다. 신맛이 강하면서 날카롭고 가벼운 신맛(sour)은 좋은 신맛이 아니다.
- 인텐시티(intensity) : 단, 신맛의 질적인 부분보다는 강도만 체크한다.
- 커피에서 느끼는 신맛은 식초에서 느껴지는 날카롭고 가벼운 신맛이 아니다. 신선한 과일이 가지고 있는 단맛과 신맛이다.

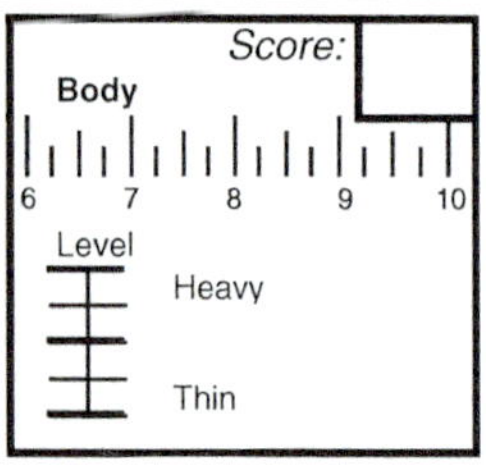

바디감 평가하기 body

- 시음했을 때 입 안에 느껴지는 커피의 무게감, 부드러운 감, 점성 등을 평가한다.
- 바디감의 점수는 레벨의 점수와 거의 일치한다.

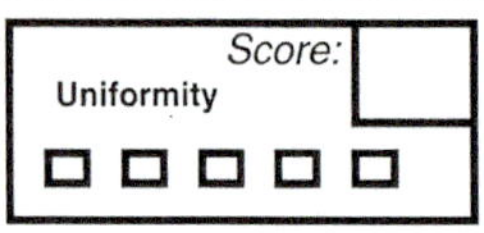

동일성 체크하기 uniformity

- 5개 컵의 일관성을 평가하는 것으로, 5개의 컵과 컵 사이에 커피의 특성이 다르게 나타날 경우 특성이 다른 것을 제외한 나머지에 체크를 한다. 5개의 컵이 각 2점씩이며 체크된 부분만 합산한다.
- 5×2=10점

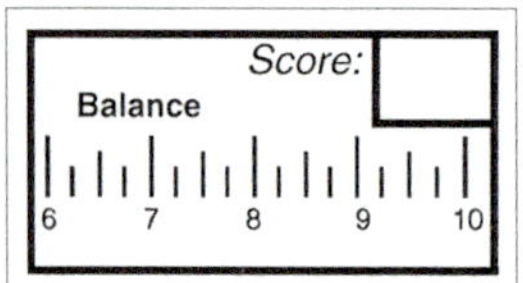

밸런스 평가하기 balance

- 커피의 전체적인 향미의 조화로움을 평가한다.
- 5×2=10점

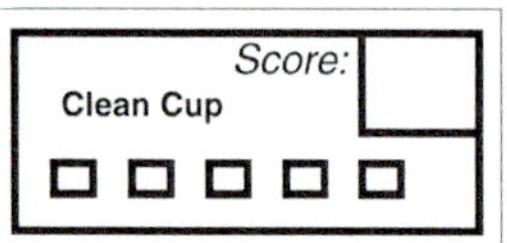

클린 컵 체크하기 clean cup

- 커피의 향미와 투명성을 찾아 평가한다. 5개의 컵 중 결

점두의 향미가 느껴지는 것을 제외한 나머지에 체크를 한다. 5개의 컵이 각 2점씩이며 체크된 부분만 합산한다.

- 5×2=10점

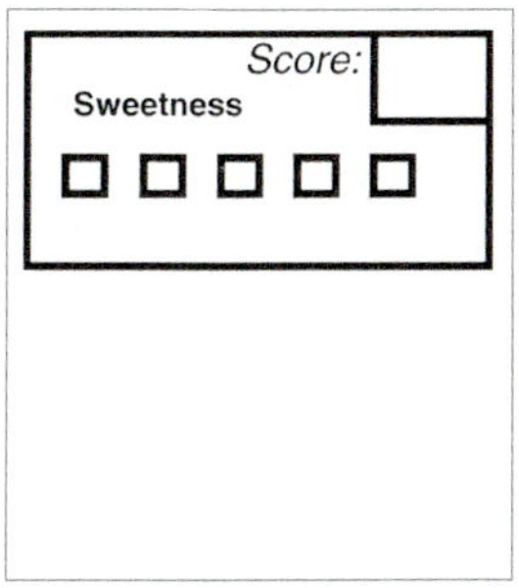

단맛 체크하기 sweetness

커피에서 느껴지는 단맛을 평가하는 것으로 보통 아라비카 커피에서는 결점두의 영향으로 인한 단맛이 느껴지지 않을 경우를 제외하고, 단맛이 기본적으로 있다고 체크한다. 이때 결점두로 인한 맛으로 커피의 맛을 해친 경우에는 그 특성이 다른 것을 제외한 나머지에 체크를 한다.

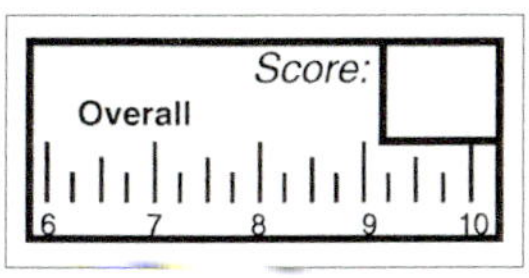

오버롤 평가하기 overall

각 커피의 주관적인 선호도에 따라 평가한다.

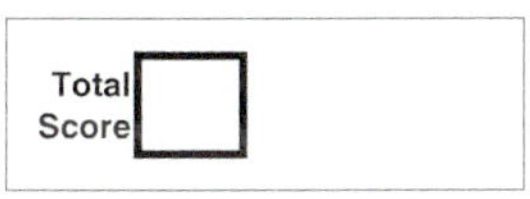

점수 합계하기

위의 각 항목별 점수를 총 합산하여 적는다.

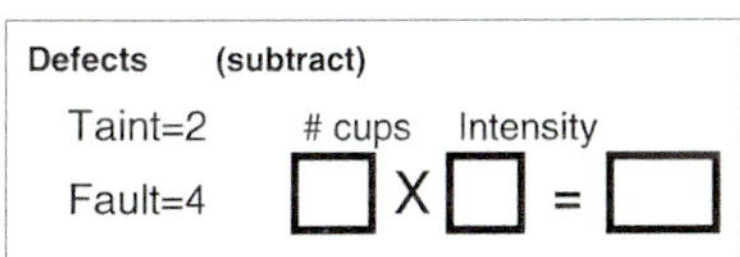

결점두 감점하기

결점두는 그 종류에 따라 감점이 된다.

- 테인트(taint) : 한 컵당 2점씩 감점한다. 주로 아로마 쪽에 느껴지는 것으로 미비하게 느껴질 경우 체크한다.
- 폴트(fault) : 한 컵당 4점씩 감점한다. 주로 향과 맛에 강하게 느껴지는 경우 체크한다.

이 결점두의 맛은 어느 종류의 맛에 속하는지와 그에 관련된 설명을 써야 한다.

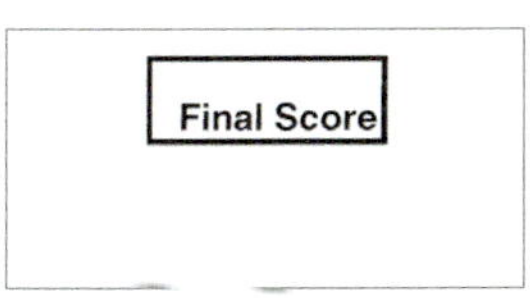

최종 점수 계산하기 final score

총 합계 점수(total score)에서 결점두의 감점 점수를 뺀 후 최종 점수를 노트(note)에 적는다.

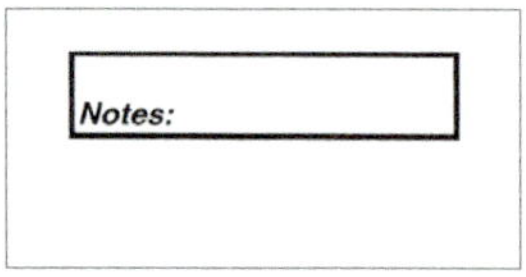

노트 notes

- 커피 샘플에 관련된 간단한 메모를 적는다.
- 예 : 가공 방식, 맛과 향미 등

SCAA 커핑 시 주의점

- 커핑 스푼을 컵과 컵으로 이동할 때에는 다른 컵의 향미에 영향을 줄 수 있으므로 깨끗한 물이 담긴 컵에 항상 린싱하면서 하도록 한다.
- 시음 시에는 슬러핑(slurping)이라고 하는 테크닉을 쓰도록 추천하고 있다.
  슬러핑은 시음 시 공기와 같이 커피를 흡입하도록 한다. 이와 같이 함으로써 뜨거운 커피를 식히고, 그 커피가 스프레이처럼 입 안 전체에 뿌려지도록 하면서, 아로마를 느끼고, 혀 전체를 이용해 커피의 향미를 동시에 느낄 수 있다.
- 수평 평가는 실제적인 점수를 표시하는 것으로 양적인 평가뿐만 아니라 질적인 부분도 함께 평가해야 한다. 또한 커피의 온도가 떨어짐에 따른 맛과 향미의 변화를 반영하여 채점하고 변화의 정도를 화살표로 표시한다.
- 수직 평가는 주로 양적인 부분만 고려하는데, 이는 실제 점수(수평적 평가)와 차이를

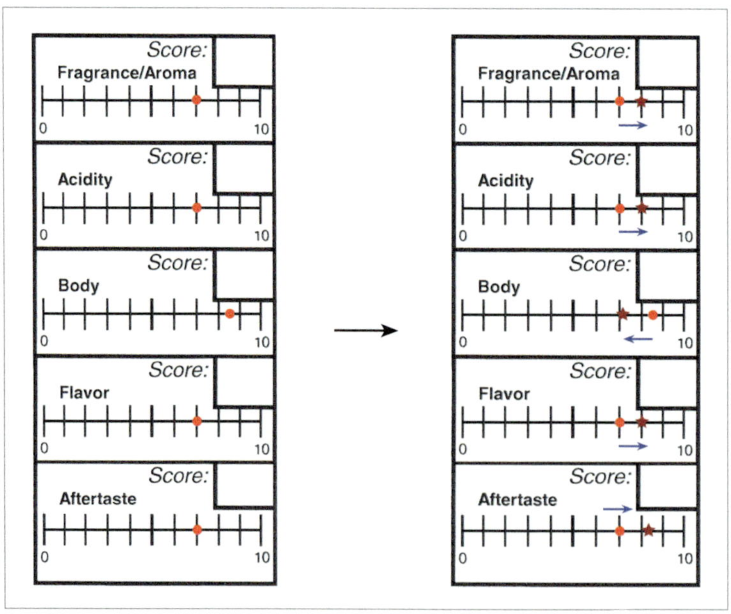

보일 수 있다.

- 스페셜 티 커피의 경우 기본 점수는 7.25로 시작한다.
- 지역별 커피의 특성을 고려한 평가를 해야 한다.
  (예 : 인도네시아 커피와 케냐 커피의 신맛을 똑같은 수준에서 평가해서는 안 된다)

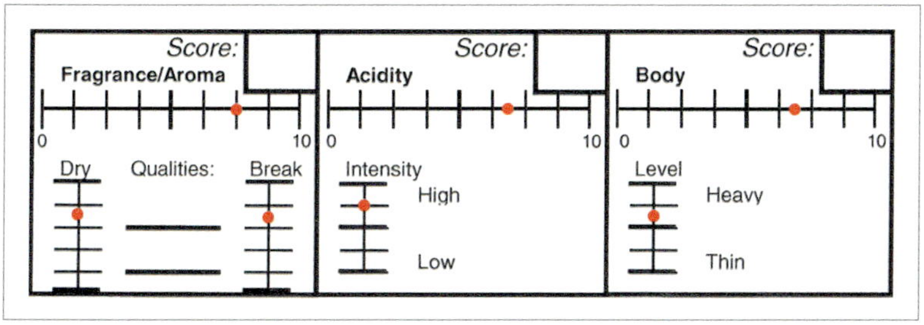

표 7-1 SCAA 커피 등급 기준

6.00 – Good	7.00 – Very Good	8.00 – Excellent	9.00 – Outstnading
6.25	7.25	8.25	9.25
6.5	7.5	8.5	9.5
6.75	7.75	8.75	9.75

스페셜 티 커피에 대한 점수 기준

SCAA에서 커핑 총 점수 결과에 따라 등급이 나누어지는데, 표 7-2와 같다.

표 7-2 스페셜 티 커피에 대한 점수 기준

점 수	기 준	
90–100	Specialty Rare	Specialty
85–89.99	Specialty Origin	
80–84.99	Specialty	
80 이하	Below Specialty	Not Specialty

2) COE 커핑 시스템

COE 커핑의 목적

COE(Cup of Excellence) 커피는 1999년에 국제무역기구 UN 산하단체인 국제커피기구에서 질 좋은 커피를 생산하는 나라들이 제대로 된 보상을 받을 수 있는 시스템을 만들고자 하는 목적에서 시작되었다.

매년 9개 국가(브라질, 볼리비아, 콜롬비아, 코스타리카, 엘살바도르, 과테말라, 온두라스, 니카라과, 르완다)의 생두를 국제 커핑 심사위원들이 현지에서 평가하고 그 점수 중 상위 등급의 커피들을 인터넷 경매를 통해 전 세계로 판매한다.

이 시스템은 소비자에게는 인증된 질 좋은 생두를 구매할 수 있는 기회이고, 원두 생산자에게는 품질에 따른 보상을 받을 수 있는 시스넴이다. 그로 인해 생산자는 지속적으로 좋은 생두를 생산하도록 노력하고, 소비자는 안정된 좋은 생두를 공급받을 수 있다.

그림 7-26 | 9개 국가의 COE 마크

COE 등급 선발 과정

- 생산국 내에서 각 농장의 생두를 모아 외관적 조사와 커피 맛 분석으로 150여 개의 커피를 선택한다.
- 생산국 내의 심사위원들이 5일 동안에 처음 2~3일은 150여 개의 커피를 커핑하고,

채점하여 약 80개의 커피를 선택한 후 남은 기간 동안 약 80개의 커피를 다시 커핑하면서 84점 이상의 커피 약 60개를 다시 선택한다.

- 그 후에 외국에서 온 국제심사위원들이 모여 4~5일간 총 3라운드로 나눠진 커핑을 한다.
  - 1라운드 : 생산국 심사위원들이 선택한 약 60개의 커피를 커핑 규약에 따른 점수로 일관성 있게 커핑하고, 국제심사위원이 45여 개의 커피를 선택한다.
  - 2라운드 : 국제심사위원들은 선택한 45여 개의 커피를 다시 커핑하여 점수를 채점한다. 이때 점수가 84점 이상의 커피들을 컵 오브 엑설런트(COE : Cup of Excellence)라 부를 수 있게 된다.
  - 3라운드 : 마지막으로 커핑 점수가 84점 이상인 커피들을 심도 있게 평가하면서, 상위 10위의 커피를 결정한다.

2009 Costa Rica Cup of Excellence® Winning Farms - Auction Jun 11, 2009

The winning lots are coffees scoring 84 points and above in each cupping by both the National Jury and the Cup of Excellence® International Jury. These coffees have each been cupped a minimum of five different times during the cupping process.

Lot #	Farm	Farmer	Region	Score
1	Bella Vista	Josué Bonilla Solís	Llano Bonito de León Cort...	90.00
2	Fuego	Manuel Barrantes R.	Lourdes, Naranjo, Valle O...	89.35
3	Calle de Copey	Jorge Ureña Zuñiga, Ana Isabel...	Santa María de Dota, Tarr...	89.12
4	Finca Barrantes	Manuel Barrantes Zúñiga	Lourdes, Naranjo, Valle O...	89.06
5	Cafetín	Timothy Michael Obrien	San Martín de León Cortes...	88.85
6	La Planada	Arnaldo Barrantes Zúñiga	Lourdes, Naranjo, Valle O...	88.53
7	Corralillo	Isaac Navarro Ceciliano, Iván ...	Corallillo de Cartado, Ta...	88.35
8	San Pedro	Lesmes Vega Navarro, Luis Fern...	San Marcos de Tarrazú, Ta...	87.74
9	Bello Horizonte	Sara Quirós Díaz , Manuel Adri...	La Escuadra, Aserrí, Tarr...	87.32
10	El Pedregal	Minor Leiva Núñez	Fariles de Desamparados, ...	86.11
11	La Pira	Carlos Ureña Ceciliano	Santa María de Dota, Tarr...	86.06
12	La Medina	Morayma Murillo Delgado, Jorge...	Santa María de Dota, Tarr...	85.53
13	Puerto Rico	Miguel Agüero Elizondo, Cooped...	Santa María de Dota, Tarr...	85.50
14	La Loma	Luis Pablo Bonilla Solis	Llano Bonito de León Cort...	84.67
15	Flor del Café	Carlos Barrantes Zúñiga	Lourdes, Naranjo, Valle O...	84.61
16	El Alto	Rose Mary Fallas Duran	Cedral, Aserrí, Tarrazú	84.58
17	Agua	José Cárdenas	Lourdes, Naranjo, Valle O...	84.56
18	El Cedral	Luís Fernando Chacon Monge, Ro...	Santa María de Dota, Tarr...	84.56
19	El Quemado	Miguel A. Hernández Rivera, Ed...	Santa María de Dota, Tarr...	84.36
20	Carrizal	Melvin Gamboa Angulo	San Pablo de León Cortés,...	84.28
21	Miquel	Hernán Osvaldo González López	Barranca de Naranjo, Vall...	84.17
22	Mirella {O}	Francisca Cubillo Salas	Sabanilla de Alajuela, Va...	84.14
23	San Tiago	Marvin Enrique Sánchez Godínez	San Marcos de Tarrazú, Ta...	84.14
24	Entre Manzanos	Lydia Matamoros Agüero	San Rafael, Naranjo, Vall...	84.08

그림 7-27 | 커핑의 결과에 따른 순위의 예(2009 코스타리카)

2009 Costa Rica Cup of Excellence Auction Results

Lot #	Winning Farm	Lot Size*	High Bid	Total Value	High Bidder(s)
1	Bella Vista - Josué Bonilla Solís	27	$15.45	$31,593.71	Time's Club for C-COOP, St. Berry Coffee, Tashiro Coffee
2	Fuego - Manuel Barrantes R.	30	$10.55	$24,022.35	Maruyama Coffee for Mikatajuku group, Honey Coffee, Adachi Coffee and Orsir Coffee
3	Calle de Copey - Jorge Ureña Zuñiga...	40	$8.65	$26,261.40	Fratello Coffee, Zoka Coffee, Willoughby's, Invalsa Coffee
4	Finca Barrantes - Manuel Barrantes ...	33	$8.85	$22,078.98	49th Parallel Roasters Inc.
5	Cafetín - Timothy Michael Obrien	38	$8.15	$23,506.23	Kaffebrenneriet as
6	La Planada - Arnaldo Barrantes Zúñi...	33	$7.20	$18,057.60	Jubean Coffee
7	Corralillo - Isaac Navarro Cecilian...	52	$7.30	$28,739.37	TOA COFFEE Co.,Ltd.
8	San Pedro - Lesmes Vega Navarro, Lu...	32	$7.10	$17,244.48	Tim Wendelboe
9	Bello Horizonte - Sara Quirós Díaz ...	30	$6.75	$15,369.75	Firestorm Coffee Roasters Company
10	El Pedregal - Minor Leiva Núñez	36	$6.85	$18,716.94	Nippon Coffee Trading Co.,Ltd for Doi Coffee
11	La Pira - Carlos Ureña Ceciliano	36	$6.97	$18,998.83	Mercanta The Coffee Hunters for Has Bean Coffee UK, Andronicas World of Coffee at Harrods UK, Bolling Coffee UK, Inoue / Voila Coffee Japan, Kaffitar Iceland, Kaffeespezialitat Austria
12	La Medina - Morayma Murillo Delgado...	40	$6.20	$18,823.20	Wataru & Co., Ltd.
13	Puerto Rico - Miguel Agüero Elizond...	52	$6.05	$23,878.14	Nippon Coffee Trading Co.,Ltd for Doi Coffee
14	La Loma - Luis Pablo Bonilla Solis	30	$6.75	$15,332.63	Kyokuto Fadie Corporation
15	Flor del Café - Carlos Barrantes Zú...	30	$6.15	$14,003.55	Coffee Plant, Momos Coffee, Song Hoon, Quality Green Coffee USA, Steven Kil.
16	El Alto - Rose Mary Fallas Duran	30	$6.25	$14,231.25	Royal Coffee NY for New Harvest Coffee, No Quarter Coffee, Rojo's Roastery
17	Aqua - José Cárdenas	30	$6.25	$14,231.25	Wataru & Co., Ltd.
18	El Cedral - Luís Fernando Chacon Mo...	32	$5.90	$14,329.92	Coffee Bean International, Inc.
19	El Quemado - Miguel A. Hernández Ri...	32	$6.81	$16,540.13	Nippon Coffee Trading Co.,Ltd
20	Carrizal - Melvin Gamboa Angulo	30	$6.05	$13,775.85	Coffee Bean International, Inc.
21	Miguel - Hernán Osvaldo González Ló...	29	$5.90	$12,863.18	Wataru & Co., Ltd.
22	Mirella - Francisca Cubillo Salas {O}	32	$6.20	$15,058.56	Invalsa Coffee®, Boston, US with Noble Coffee Roasting, Oregon, USA, Olympia Coffee Roasting Co, Washington, US and TAN Coffee, Canada, Sacred Grounds
23	San Tiago - Marvin Enrique Sánchez ...	34	$5.06	$13,057.84	Wataru & Co., Ltd.
24	Entre Manzanos - Lydia Matamoros Ag...	30	$5.10	$11,612.70	Café Kaiser Konditorei GmbH, Coffeexperts and Rast Kaffee

To see commissions to organizers Click Here.

*For 2010 lot sizes are indicated as vacuum packed coffee in 30 kg boxes. Before 2009 lot sizes were in 60, 69 or 70 kg jute bags.

그림 7-28 | COE 경매에 따른 결과의 예(2009 코스타리카)

- 순위가 정해진 커피는 각 나라의 생두 구매자들에게 인터넷을 이용해 경매에 붙여진다. 이로써 구매자들은 품질이 인증된 질 좋은 생두를 서로 경쟁하여 구매하게 된다.
- 생두와 함께 COE로 선정되면 인증 스티커가 제공된다.

그림 7-29 | COE 인증 스티커

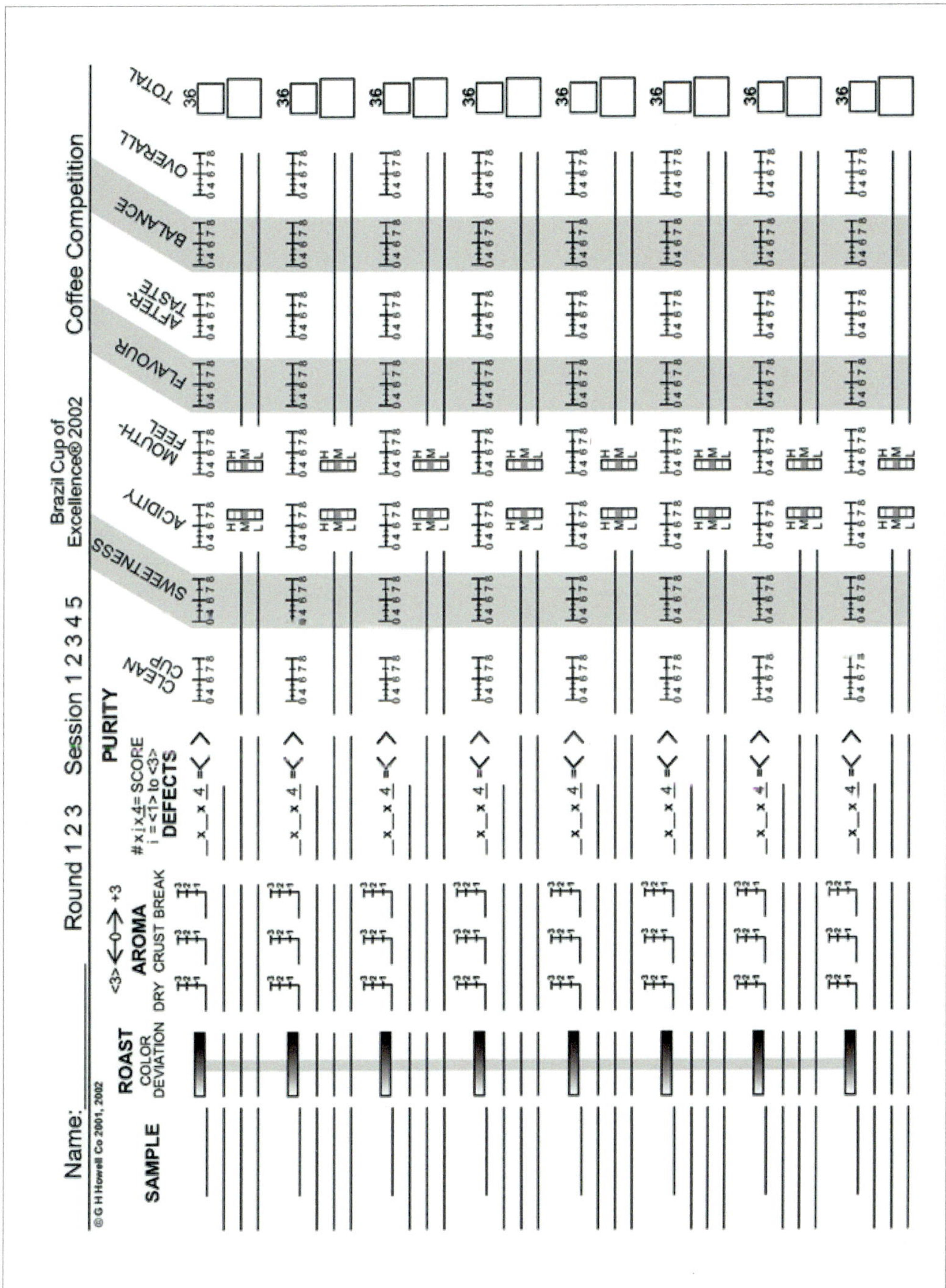

그림 7-30 | COE 커핑 평가지

COE 커피 맛 평가기준

아로마 aroma

커피의 향 부분을 체크한다.

결점두 defects

페놀릭(phenolic), 리오(rio), 발효치(ferment), 어니언(oniony), 스위티(sweaty) 등의 결점두의 맛이 있는지를 평가한다.

클린 컵 clean cup

가장 기본이 되는 기준으로 결점두의 맛과 향 그리고 맛에 얼마나 투명성과 깨끗함이 있는지를 평가하는 것이다(텁텁하고 잡맛의 느낌이 나고 깨끗한 느낌이 적은 것).

단맛 sweetness

커피의 단맛을 평가하는 것으로, 설탕의 단맛이 아니라 과일에서 느낄 수 있는 단맛들을 말한다. 잘 익은 생두에서 나오는 단맛은 과일에서 느낄 수 있는 단맛 같은 것이다. 잘 익지 않은 커피의 맛은 텁텁하고 떫고 날카로운 느낌이 난다.

신맛 acidity

신맛을 평가하는 것이다. 커피의 신맛은 와인의 신맛과 같이 그 맛이 다른 맛의 특징과 연관성을 가진 매우 중요한 부분이다. 신맛은 커피의 아로마에 영향을 미치고 커피에 생동감을 준다. 커피에서의 신맛은 느껴지는 양의 문제가 아니라 얼마나 좋은 신맛을 가지고 있는지에 관한 질적인 평가에 중점을 맞추어야 한다.

마우스필 mouthfeel

입 안에서 느껴지는 액체의 무게, 점성, 질감, 밀도와 그것이 부드러운지, 날카로운 느낌인지 등을 평가한다. 입 안에서 느껴지는 촉감이 가벼운 액체의 느낌이면 좋지 않은 느낌이다.

플레이버 flavor

단맛, 신맛, 짠맛, 날카로움과 아로마 등을 같이 평가한다. 이것을 평가할 때엔 지역적인 특성에 따른 생두의 특징적 맛인지 그 외의 과정 등에서 나오는 맛에 따른 특징들을 파악하고 있어야 한다.

- 맛의 강도와 다양성, 깊은 맛의 느낌을 말한다. 단, 좋지 않은 맛(결점두)을 제외한 커피의 특성이다.
- 너티(nutty), 초코(chocolate), 베리(berry), 과일(fruit), 캐러멜(caramel), 꽃향기(floral), 스파이시(spicy), 꿀(honey), 스모키(smokey) 등

여운 aftertaste

커피를 시음한 후에 남는 커피의 맛과 향을 평가하는 것으로 입 안에 단맛의 느낌이 남는지 아니면 자극적인 느낌이 남는지를 평가한다.

밸런스 balance

커핑한 샘플의 커피에 전체적으로 각각의 특성들이 골고루 잘 느껴지는지, 혹은 하나의 특성이 튀는지를 평가한다.

오버롤 overall

커핑을 하는 사람이 흥미롭게 느낄 수 있는 다양함이나 개성이 있는지 등에 관한 커퍼가 커피에 대한 주관적인 평가를 하는 것이다.

최종 점수 final points

커핑 채점 점수가 84점 이상인 경우 COE(Cup of Excellence) 커피라 말한다.

HO
CO
HO
OH
HO
HO

Chapter | 08

커피 한 잔의 건강과 영양

1. 커피 빈의 주요 성분
2. 커피의 생리활성물질
3. 커피 한 잔의 다양한 효능
4. 커피의 건강증진기능

Chapter | 08

커피 한 잔의 건강과 영양

1. 커피 빈의 주요 성분

식음료의 고급화 · 세계화 추세에 따라 각종 음료 중 원두커피가 기호음료로 각광받고 있다. 참살이 건강관리 차원에서 인스턴트커피보다 원두 고유의 향과 맛이 있는 적당량의 커피는 현대인의 생활 건강에 활력을 준다. 커피는 커피나무에서 얻은 생두 성분과 로스팅 후 원두에서 생성되는 성분이 서로 어우러져 원두커피의 독특한 맛과 향을 낸다. 다양한 영양 성분이 함유된 음식처럼 커피에도 비슷한 성분이 있으며, 생두가 로스팅될 때 일부 성분이 소실 또는 증감되어 커피의 성분 변화를 초래하기도 한다.

일상을 모닝커피를 마시며 시작하는 현대인에게 커피 한 잔의 건강은 매우 중요하다고 할 수 있겠다. 커피의 다량 · 미량 성분에 대한 이해를 토대로 건강한 음료 문화를 가꾸도록 하자.

1 생두 · 원두의 다량 성분

생두 성분은 커피나무의 품종, 재배 환경(기후, 토양, 고도 등), 생두 가공 과정 및 저장 등에 따라 조성과 함량이 다양하다. 또한 로스팅 후 원두의 조성은 생두와 다를 수 있다.

커피나무의 여러 품종 중 널리 알려진 아라비카종과 로부스타종의 주 성분에는 탄수

표 8-1 생두와 원두커피의 성분 및 함량 (건조물 %)

성 분	아라비카종		로부스타종	
	생 두	원 두	생 두	원 두
다당류	50.0~55.0	24.0~39.0	37.0~47.0	–
올리고당	6.0~8.0	0~3.5	5.0~7.0	0~3.5
지 방	12.0~18.0	14.5~20.0	9.0~13.0	11.0~16.0
단백질	11.0~13.0	13.0~15.0	11.0~13.0	13.0~15.0
무기질	3.0~4.2	3.5~4.5	4.0~4.5	4.6~5.0
클로르젠닉산	5.5~8.0	1.2~2.3	7.0~10.0	3.9~4.6
아미노산	2.0	–	2.0	0
아리파틱산	1.5~2.0	1.0~1.5	1.5~2.0	1.0~1.5
휴믹산	–	16.0~17.0	–	16.0~17.0
카페인	0.9~1.2	1.0	1.6~2.4	2.0

출처 : Coffee, Botany, Biochemistry and Production of Beans and Beverages. Clifford, MN, (1985).

화물(다당류, 올리고당), 지방, 단백질, 무기질, 클로르젠닉산(chlorogenic acid), 아리파틱산(aliphatic acid), 휴믹산(humic acid), 카페인 등이 있다(표 8-1).

1) 탄수화물

생 두

아라비카종이 로부스타종보다 탄수화물 함량이 높으며, 가용성과 난용성 탄수화물로 구성된다(표 8-2).

- 가용성 탄수화물 : 단당류, 올리고당, 다당류
- 난용성 탄수화물 : 셀룰로오스, 헤미셀룰로오스

표 8-2 생두 탄수화물의 종류 및 함량 (건조물 : %)

탄수화물의 분류	아라비카종	로부스타종
가용성	**9.2~13.5**	**6.2~11.9**
• 단당류	0.2~0.5	0.2~0.5
• 올리고당	6.0~9.0	3.0~7.0
• 다당류	3.0~4.0	3.0~4.4
난용성	**46.0~53.0**	**34.0~44.0**
• 셀룰로오스	41.0~43.0	32.0~40.0
• 헤미셀룰로오스	5.0~10.0	3.0~4.0
총 탄수화물	**55.2~66.5**	**41.2~55.9**

원 두

로스팅 과정에서 생두 성분이 분해되거나, 새로운 성분이 생성하는 등 많은 변화가 초래된다.

- 생두의 당 단백질, 가용성 탄수화물, 셀룰로오스가 분해되어 단당류(갈락토오스, 만노오스, 아라비노오스, 리보스)가 생성된다.
- 서당(설탕)은 일부 전화(inversion)되어 과당과 설탕을 생성한다.
- 생두의 단당류와 단백질과의 메일라드 반응(Maillard reaction)으로 갈색 물질과 휘발성 향미 성분을 생성한다.

생두 · 원두의 비교

로스팅에 의한 가열작용은 생두 성분에 화학적 변화를 초래하여 신 물질이 생성되며, 생두에 없던 성분이 원두에 새롭게 나타나는 탄수화물 성분도 있다(표 8-3).

표 8-3 생두 · 원두의 탄수화물 조성 비교

구 분	탄수화물 성분
생두 · 원두의 공통 탄수화물	• 아라반(araban), 아라비노스(arabinose), 셀룰로오스(cellulose) • 갈락탄(galactan), 글루코오스(glucose), 말토오스(maltose) • 글루큐론산(glucuronic acid), 라피노오스(raffinose) • 만난(mannan), 만노오스(mannose), 슈크로오스(sucrose) • 스타키오스(stachyose), 퀴닌산(quinic acid), 자일로오스(xylose)
생두에만 함유된 탄수화물	• 아라비노갈락탄(arbinogalactan), 전분(starch), 리그닌(lignin) • 갈락투론산(galacturonic acid), 펙틴(pectin) • 글루코-갈락토만난(gluco-galactomannan)
원두에만 함유된 탄수화물	• 과당(fructose), 갈락토오스(galactose), 글루칸(glucan) • 리보오스(ribose)

2) 지 방

생 두

생두의 지방 함량과 조성은 품종 · 추출 방법 · 분석 기술 등에 따라 달라질 수 있으나, 생두에는 7~17% 정도의 지방이 있다. 아라비카종과 로부스타종의 평균 지방 함량은 각각 15%, 10% 정도이다.

대부분의 지방이 배젖(endosperm)에 있고, 미량은 생두 표면에 있다. 지방 종류와 구성 성분은 다양하며(표 8-4), 생두 부위에 따라 지방 조성이 다르다.

- 생두 표면에 엷은 층의 밀랍(wax)이 0.2~0.3% 정도 있는데, 생두가 건조하지 않도록 하며, 미생물로부터 보호하는 기능이 있다.
- 중성지방(oil)은 생두 배젖(endosperm)에 있으며, 글리세롤과 지방산의 에스테르 결합 형태이다. 지방산 종류는 주로 포화지방산(팔미트산, 스테아르산), 단일불포화지방산(오레인산), 다가불포화지방산(리놀레산) 등이다.
- 다이터펜(diterpene)에 속하는 카월(kahweol), 카페스톨(cafestol)은 타 식물에는 볼 수 없고 생두에만 있는 지방이며, 각종 지방산과의 에스테르 결합으로 존재한다.

표 8-4 생두의 지방 분류 및 함량

지방 종류	함량(%)	구성 성분
중성지방	79~80	리놀레산 팔미트산의 에스테르
유리 지방산	0.5~2.0	
다이터펜 에스테르	15~18.5	리놀레산 팔미트산의 에스테르
트리터펜, 스테롤, 메틸스테롤 등의 에스테르	1.4~3.2	카페스톨, 카월 시스토스테롤, 캠페스테롤, 스티그마스테롤
다이터펜, 트리터펜, 스테롤 등의 유리형	1.4~3.4	
인지질	0.1	
토코페롤	0.3~0.7	
하이드록시트립트아마이드	0.3~1.0	아라키딕 아마이드 등
탄화수소	0.1 이하	스쿠알렌

이 성분들은 열, 햇빛, 산 등에 약하므로 로스팅 과정에서 쉽게 파괴될 수 있다.

- 다이터펜 중 메틸카페스톨(16-O-methylcafestol)은 로부스타종에서만 볼 수 있으므로 브랜드 커피에서 아라비카종과 로부스타종 커피의 비율을 측정하는 표준으로 이용된다.
- 스테롤은 아라비카종에 5.4% 정도가 있다. 주류를 이루는 스테롤에는 시스토스테롤(sitosterol ; 53%), 스티그마스테롤(stigmasterol ; 21%), 캠페스테롤(campesterol ; 11%) 등이 있다.

Coffee Break

생두 밀랍에도 영양학적 가치가 있을까?

밀랍의 특정 성분(C-5HT ; carboxylic acid-5-hydroxytryptamide)은 항산화 효능이 있으며, 식품에 천연 항산화제로 첨가된다.

원 두

생두 지방 종류에 따라 로스팅 시 흡열 정도가 다르며, 흡열에 의한 변화 정도도 다르다. 이때 커피 향미의 원인이 되는 다양한 물질도 생성된다.

- 중성지방, 스테롤에 대한 변화는 없고, 유리 지방산이 증가한다.
- 카월, 카페스톨의 분해로 많은 휘발성 물질이 생성되고, 이러한 변화는 총 지방량 증가의 원인이 된다.
- 로부스타종에 비하여 아라비카종의 카월 함량은 로스팅 후에도 거의 변화가 없다.

3) 단백질

생 두

생두 품종에 따라 단백질 함량이 8.7~12.2% 정도이며, 구성 성분인 아미노산 종류도 다양하다. 유리 아미노산은 1% 이하의 극미량으로 존재한다.

아라비카종과 로부스타종을 비교하면 단백질을 구성하는 아미노산 종류와 함량 차이가 크다(표 8-5).

원 두

로스팅에 의한 가열작용으로 생두 단백질이 파괴되어 20~40% 정도의 아미노산이 소실된다. 특히, 열에 예민한 아미노산(아르기닌, 시스테인, 세린, 트레오닌 등)은 거의 파괴된다. 그러나 중간 정도 또는 강하게 로스팅할 때 아라비카종, 로부스타종에서 아미노산 중 글루탐산이 가장 증가한다. 열에 의한 단백질 조성 변화는 원두를 특징짓는 요인이 되기도 한다.

- 아미노산과 탄수화물의 메일라드 반응이 발생한다.
- 각종 향미 성분과 휘발성 성분 등과 같은 신 물질이 생성된다.

표 8-5 생두의 아미노산 종류

품 종	다량 아미노산	미량 아미노산
아라비카종	글루탐산 아스파르트산 루이신 프로린 라이신 글리신 페닐알라닌 세린 발린	알라닌 아르기닌 이소루이신 트레오닌 타이로신 시스테인 히스티딘
로부스타종	글루타민산 아스파르트산 루이신 타이로신 발린 프롤린 글리신	라이신 세린 알라닌 페닐알라닌 이소루이신 시스테인 트레오닌 아르기닌 히스티딘 메티오닌

주 : 총 단백질 중 % 함량을 계산하여, 6%를 기준으로 함량이 높은 순으로 기록

2 생두 · 원두의 미량 성분

1) 비단백질 질소화합물

단백질을 구성하지 않는 질소 성분으로, 핵산 · 퓨린염기 · 질소염기 등이 있으며, 생두 품종에 따라 함량이 다양하다.

- 핵산은 아라비카종에 0.7%, 로부스타종에 0.8% 정도 함유된다.

- 퓨린염기는 아라비카종, 로부스타종에 각각 0.9~1.4%, 1.7~4% 정도로 함유된다.
  - 카페인은 퓨린 유도체의 대표 성분으로 커피의 쓴맛을 나타내며, 기타 퓨린염기는 로스팅에 의해 파괴된다.
- 질소염기는 로스팅 가열반응에 대해 안정성이 있는 성분과 그렇지 않은 성분으로 분류된다.
  - 열에 대해 불안정한 성분 중 특히 트리고넬린(trigonelline)은 열 반응으로 니코틴산과 기타 향미 성분으로 분해된다.
  - 이러한 특성을 이용하여 트리고넬린과 니코틴산 비율은 로스팅 정도를 측정하는 데 활용된다.

2) 무기질

생두의 무기질 함량은 4% 내외로, 대부분 수용성이며 무기질 종류가 다양하다(표 8-6). 무기질 중 항진균작용이 있는 구리(Cu)가 생두에 극미량 있는데, 아라비카종보다 로부스타종에 많이 있다. 로부스타종 커피에서 곰팡이 발생이 적은 이유도 구리 때문이다.

3) 비타민

일반 식품과 같이 생두에도 다양한 종류의 비타민이 존재한다. 비타민 B_1, 비타민

표 8-6 생두의 무기질 종류 및 함량

무기질	함량(건조물 중 %)
칼륨(K)	1.68~2.0
마그네슘(Mg)	0.16~0.31
황(S)	0.13
칼슘(Ca)	0.07~0.035
인(P)	0.13~0.22

B_2, 니코틴산, 판토텐산, 비타민 B_{12}, 비타민 C, 엽산, 비타민 E 등이 이에 속한다. 비타민 종류와 특성에 따라 로스팅에 의한 열작용으로 파괴되는 정도는 다르다.

- 비타민 B_1, 비타민 C는 로스팅 과정에서 대개 파괴된다.
- 니코틴산, 비타민 B_{12}, 엽산은 열에 의한 영향을 덜 받는다. 니코틴산 함량은 생두보다 원두에 증가하는데, 그 이유는 로스팅에 의한 트리고넬린 분해로 니코틴산이 생성되기 때문이다.
- 비타민 E 중에는 알파 토코페롤(α-tocopherol)과 베타 토코페롤(β-tocopherol)이 대부분이며, 로스팅으로 커피의 총 토코페롤, 알파와 베타 토코페롤량이 감소한다.

Coffee Break

항산화제 역할을 하는 '비타민 E' 영양소는 커피에 얼마나 있을까?

일본 오가와 박사가 실시한 14종류의 생두 실험에서 100g 생두를 기준으로 평균 11.9mg 정도이며, 알파 · 베타 토코페롤 양은 각각 2.3~4.5mg, 3.2~11.4mg 정도이다.

4) 산

커피의 신맛은 다양한 유기산에 의한 것이며, 커피 산도는 추출된 커피의 질과 오묘한 맛을 결정짓는 중요한 요인으로 작용한다. 특히, 아세트산, 시트르산, 인산 등이 커피의 신맛에 영향을 준다. 또한 로스팅에 의해 일부 산 함량이 증가 또는 감소하여 원두 특유의 신맛을 더하게 한다.

- 생두에는 클로로겐닉산 · 카페익산 · 시트르산 · 말산 · 퀴닌산 · 아세트산 등이 주류를 이루고, 젖산 · 푸마르산 · 포름산이 극미량 존재한다.
- 클로로겐닉산은 생두에 가장 풍부한데, 로스팅 중 중간 볶음에서 30%, 강한 볶음에서 70% 정도가 감소한다.
- 로스팅에 의해 증가하는 휘발성 산은 포름산(중간 볶음) · 아세트산(강한 볶음)이며, 비휘발성 산으로는 인산 · 젖산 · 퀴닌산 등이 있다.

- 로스팅으로 특히 감소되는 산에는 비휘발성의 말산, 시트르산이 있다.

5) 휘발성 물질

휘발성 물질은 로스팅 과정에서 생성되는 향미와 색소 성분이다. 커피에 0.1% 정도로 함유되며, 700여 종의 휘발성 물질이 있다. 로스팅에 의한 생두 성분의 갈색반응(browning reaction)은 갈색 색소 중합체를 생성시켜 원두의 다양한 색과 향을 만들게 한다. 특히, 멜라노이딘은 커피의 쓴맛을 나타내고, 황 성분(mercaptane)의 증가는 커피를 장기간 보관할 때 나타나는 케케묵은 냄새의 원인으로 작용한다.

- 단당류, 서당의 캐러멜 작용 → 캐러멜 생성 (yellow~brown black)
- 아미노산의 메일라드 작용 → 멜라노이딘 생성 (yellow~brown black)
- 클로르젠닉산의 가열 작용 → 휴민산 생성 (red~brown black)

2. 커피의 생리활성물질

생두, 원두에는 다양한 특성을 가진 화학 성분이 있으며, 커피에 용해된 성분의 작용과 효능에 따라 건강에 미치는 영향도 다르게 나타날 수 있다. 커피에는 인체 생리에 영향을 주어 건강과 직결될 수 있는 성분, 즉 생리활성물질(bioactive substances)이 있는데, 그 종류가 다양하다(표 8-7).

커피의 생리활성물질과 그 효능에 대한 연구는 주로 해외 학술지를 통해 보고되고 있다. 생리활성물질의 효능에 대해 논란은 있으나, 일부 연구자들은 커피를 기능성 식품(function food) 또는 약용 식물(medical herb)로 제안한다. 여기에서는 건강에 도움이 되는 커피 성분을 주요 생리활성물질로 간주하고, 이들에 대한 생리적 작용과 기능을 살펴보자.

표 8-7 커피(아라비카종)에 함유된 생리활성물질의 종류

생리활성물질의 종류	
아그마틴(agmatine)	안토시아닌(anthocyanins)
카페산(caffeic acid)	카페인(caffeine)
카테킨(catechins)	클로로겐닉산(chlorogenic acid)
크로뮴(chromium)	디테르펜(diterpene)
페룰산(ferrulic acid)	플라보노이드(flavonoids)
마그네슘(magnesium)	니코틴산(nicotinic acid)
폴리페놀(polyphenols)	피로가르산(pyrogallic acid)
퀴놀린산(quinolinic acid)	세로토닌(serotonin)
수용성 섬유(soluble fiber)	스페르미딘(spermidine)
탄닌산(tannic acid)	트리고넬린(trigonelline)

1) 카페인

커피의 쓴맛 성분인 카페인은 트리메틸 퓨린염기(trimethyl purine base)에 속하며(그림 8-1), 커피 알칼로이드 중 함량이 제일 높다. 커피의 카페인량은 추출 방법에 따라 그 변화의 폭이 크며(표 8-8), 커피 음용 시 개인에 따라 나타나는 생리적 특이 반응은 카페인의 일부 작용으로 알려져 있다.

커피 카페인은 생두에 유해한 미생물과 세균 오염을 예방하는 항균효과가 있으므로 생두의 위생적 관리 차원에서 유익한 성분으로 작용할 수 있다.

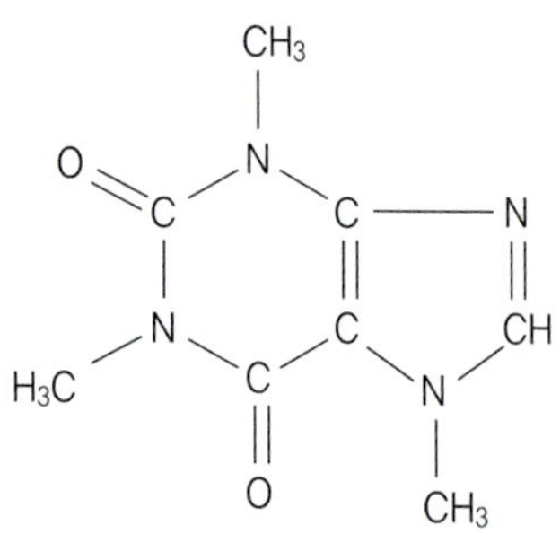

그림 8-1 | 커피 카페인의 구조

- 유해 곰팡이를 번식시켜 식품 부패를 초래하는 특정 곰팡이균(Aspergillus 속, Penicillium 속)의 성장을 억제하는 항곰팡이 예방효과가 있다.
- 곰팡이 독(mycotoxin)의 일종인 아플라톡신(Aflatoxin), 오크라톡신 A(Ochratoxin A) 등의 생성을 예방하는 항박테리아 효과가 있다.
- 동물실험에서 '햇빛 차단' 효과가 있으며, 자외선

표 8-8 다양한 커피와 기타 음료 · 식품의 카페인 함량

음료, 기타 식품의 종류	추출 방법	카페인 함량(mg)	
		평균치	변동 범위[1]
커피(8온스)[2]	드립 추출	85	65~120
	퍼콜레이터 추출	75	60~85
	무 카페인 커피 추출	3	2~4
	에스프레소(1온스)	40	30~50
차(8온스)	침출	40	20~90
	인스턴트	28	24~31
	냉 침출(8온스 잔)	25	9~50
청량음료(8온스)		24	20~40
에너지 드링크		80	0~80
코코아 음료(8온스)		6	3~32
코코아 밀크 음료(8온스)		5	2~7
밀크 초콜릿(1온스)		6	1~15
마크 초콜릿(1온스)		20	5~35
초콜릿 시럽(1온스)		4	4

주 : 1) 카페인 함량의 편차는 커피, 차, 기타 재료의 종류, 추출법, 제조원 등을 고려한 값
2) 8온스 양은 일반 머그잔(350mL) 2/3 정도의 용량
출처 : USA & National Soft Drink Association, USA

노출에 의한 암 유발을 억제하는 기능이 있다.

- 생리적 효능으로 한시적 활력을 제공하고, 경한 정도의 이뇨효과 등이 있다.
- 여성의 경우, 임신기 · 수유기의 건강관리를 위해 200mg/day(커피 2잔 정도) 이하로 카페인 섭취를 줄일 것을 권장한다(그림 8-2).

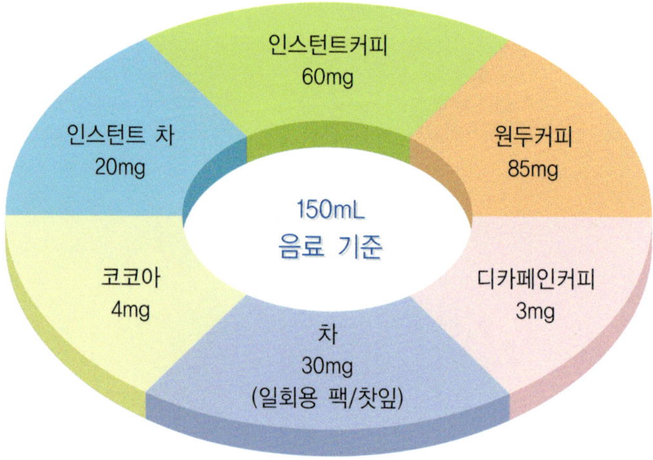

그림 8–2 | 커피 한 잔의 카페인 함량 비교

출처 : Food & Chem. Toxicol. vol 34, p 119, 1996

Coffee Break

커피와 같은 '카페인 음료'의 이뇨효과에 대한 과학적 진실

- 카페인 음료는 생리적 탈수현상을 일으키지 않으며, 마신 후에도 체내 수분의 84% 이상은 보유된다.
- 카페인 음료의 총체적 생리효능은 '물' 과 거의 유사하며, 신체 수분과 전해질의 불균형을 일으키지 않는다.

신체 수분평형에 영향을 주지 않는 정도의 커피 양은 얼마일까?

1일 250~300mg 카페인 섭취에 해당되는 3~4컵 정도의 커피이다.

정상적인 들숨과 날숨을 통한 호흡작용에 도움을 주는 커피 카페인!

커피 카페인 구조와 유사한 테오필린(theophylline)은 호흡곤란 증세를 가진 천식 환자의 치료제로 사용되고 있다.

2) 클로르젠닉산 · 카페익산

클로르젠닉산

커피에는 다양한 퀴닌산(quinic acid) 유도물질이 있는데, 그 중 클로르젠닉산(5-caffeoylquinic acid)이 특징적인 작용과 효능을 가진 가장 중요한 성분이다(그림 8–3). 생두의 클로르젠닉산 함량은 아라비카종 3.8~7.0%, 로부스타종 5.7~8.6% 정도이다. 그러나 로스팅을 할 때 온도가 높아짐에 따라 클로르젠닉산 함량이 현저히 줄고, 강한 볶음의 원두에는 2~3% 정도만 남는다.

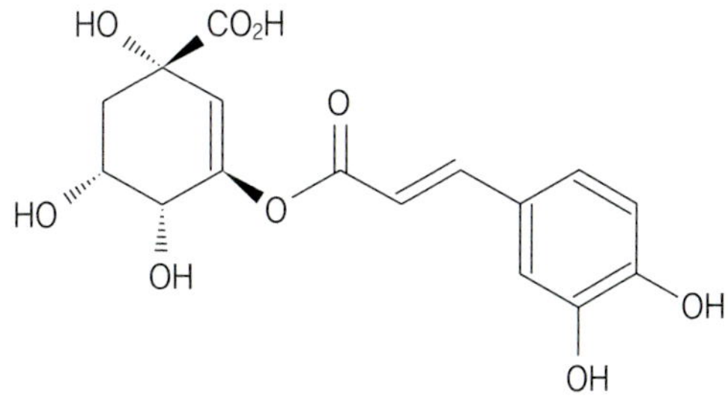

그림 8–3 | 클로르젠닉산의 구조

페놀성 물질인 클로르젠닉산은 유해한 활성산소와 기타 유리 라디칼을 제거하는 항산화 기능을 나타낸다. 또한 활성산소 중 치명적인 산화적 스트레스를 초래하는 수산화 라디칼(hydroxy radical)을 제거하는 능력이 탁월하다. 인체 생리와 관련해 클로르젠닉산은 흡수율과 대사율이 높기 때문에 적당량의 커피는 산화적 스트레스를 경감시키는 데 도움이 될 수 있다.

카페익산

커피체리 등의 열매에서 카페익산은 퀴닌산과 에스테르화된 형태로 있으며, 커피의 대표 산으로 알려진 클로르젠닉산의 유도체를 생성한다. 카페익산(3,4-dihydroxycinnamic acid)은 유해한 활성산소 라디칼을 제거하여 세포막 산화를 예방하는 페놀성 물질로 알려져 있다(그림 8–4).

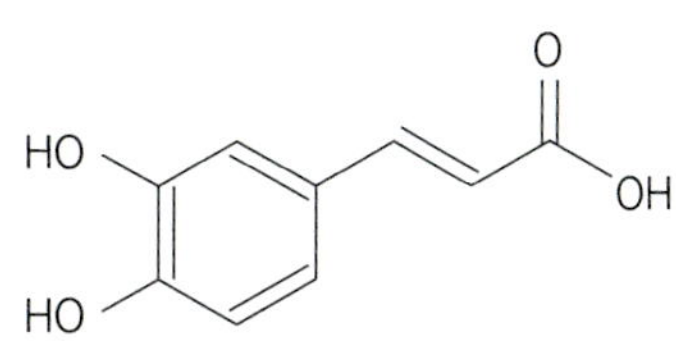

그림 8–4 | 카페익산의 구조

특히, 활성산소 중 반응성이 강한 과산화수소에 대한 소거능력이 뛰어나므로 산화적 손상을 예방할 수 있는 항산화 효능이 높다고 할 수 있다. 불포화지방산의 과산화 억제기능도 있으며, BHA · BHT · 알파 토코페롤(α-tocopherol) 등의 항산화제와 비슷한 정도의 효능을 보인다.

Coffee Break

3) 카월 · 카페스톨

커피의 지방 성분인 카월(kahweol)과 카페스톨(cafestol)은 20개 탄소를 가진 탄화수소 구조로 이루어진 다이터펜(diterpene) 그룹에 속한다(그림 8-5). 이들은 커피에서만 볼 수 있는 특이지방인데, 일반 식품의 지방과 달리 생리활성물질로 작용하며, 건강기능성을 보유한다. 세포 성분에 대한 반응성이 강하여 산화적 손상을 유발하는 활성산소 생성을 억제하고, 산화적 스트레스를 예방하는 것으로 알려져 있다.

또한 동물실험에서 커피의 카월 · 카페스톨이 독극물과 발암물질에 대한 보호작용이 있는 것으로 나타난다. 즉, 독극물 노출 시 이들 커피 지방은 독극물 활성화 효소의 작

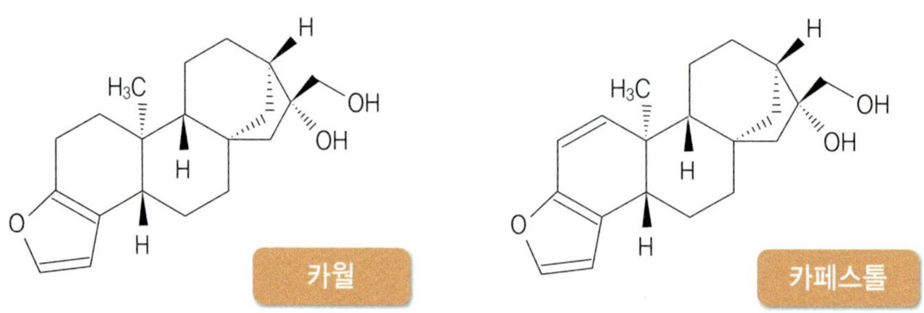

그림 8-5 ㅣ 카월 · 카페스톨 구조

용을 억제하고, 항독성효능을 발휘하여 간세포를 보호한다. 발암물질에 대한 생두의 항발암효능의 일부분도 이들 성분의 작용에 의한 것으로 보인다.

커피의 지방 조성에서 카월 · 카페스톨의 함량은 극미량이지만, 생리활성물질로서의 역할 비중은 크다. 즉, 유해한 활성산소와 유리 라디칼이 생성되는 것을 억제함으로써 산화적 스트레스를 경감시키는 항산화 작용을 하며, 독극물과 발암물질에 대해 해독작용과 유사한 기능을 보인다.

Coffee Break

추출 방법에 따라 커피의 카월·카페스톨 함량이 달라요!

추출법		카월 (mg/100mL)	카페스톨 (mg/100mL)
프렌치프레스		0.1 ~ 7.1	0.3 ~ 6.7
터키식		1.7 ~ 5.3	1.5 ~ 3.7
에스프레소		0.1 ~ 2.6	0.1 ~ 1.9
종이 여과		0 ~ 0.1	0 ~ 0.1

4) 니코틴산

니코틴산(nicotinic acid)은 나이아신 또는 비타민 B_3로 불리는 수용성 비타민으로 생두에 미량 존재한다(그림 8-6). 생두의 로스팅 과정에서도 니코틴산이 생성되는데, 생두에 1% 정도 있는 트리고넬린의 열분해에 의해 니코틴산이 합성된다. 이때 기타 신물질도 함께 합성된다.

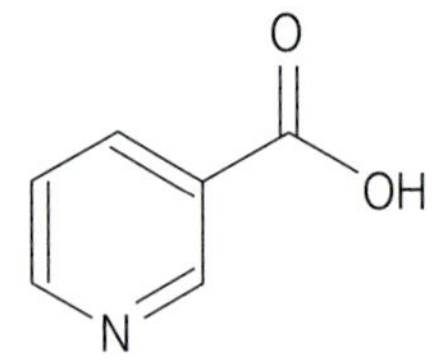

그림 8-6 | 니코틴산의 구조

로스팅 정도에 따라 원두의 나이아신 함량이 다른데, 약하게 볶은 원두에 10mg/100g, 강하게 볶은 경우에 40mg/100g 정도이다. 강하게 로스팅하는 이탈리안 커피에 나이아신 함량이 더 높으며, 커피를 마실 때 원두에 있는 나이아신 총량의 85% 정도가 섭취되는 것으로 본다.

나이아신은 체내 대사작용에 필수적으로 요구되는 조효소를 합성하여 대사를 원활히 하며, 기억력 증진 및 고 콜레스테롤 치료 등에도 이용된다.

Coffee Break

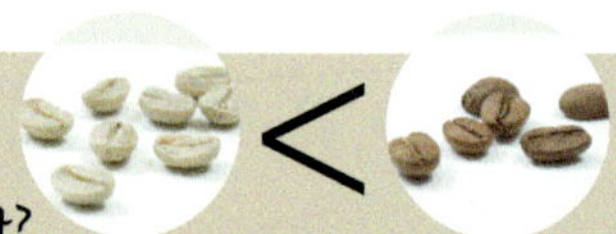

생두와 원두 중 어디에 니코틴산이 더 많을까?

적당히 잘 볶은 원두에 니코틴산 함량이 더 풍부하며, 커피 한 잔에 최고 80mg 니코틴산이 함유된다.
(식품 중 나이아신 함량이 높은 육류, 생선 등과 비슷한 함량이다)

5) 멜라노이딘

로스팅 과정의 높은 열에 의해 생두의 당류와 아미노산 간의 메일라드 반응에 의해 생성된 고분자 물질이 멜라노이딘(melanoidins)이다. 멜라노이딘은 인체에 유해한 활성산소를 제거하는 항산화 능력이 있으며, 항암 효능을 나타내는 것으로 보고되고 있다.

커피 추출물을 이용한 동물실험에서 일부 멜라노이딘 물질이 지질 과산화를 억제시키는 효과를 보인다. 이와 같은 물질은 세포막 성분 중 산화적 손상이 쉽게 일어나는 불포화지방산을 보호하고, 지질 과산화의 연속고리를 차단할 수 있다.

Coffee Break

맥주와 커피에 함유된 멜라노이딘 중 건강에 더 좋은 것은 어느 것일까?

커피 멜라노이딘이 더 강한 항산화 활성이 있으므로 산화적 스트레스로부터 신체 세포를 지키는 데 도움이 된다.

3. 커피 한 잔의 다양한 효능

적당량의 커피 섭취는 일상생활에 경쾌한 생리 리듬을 조성할 뿐만 아니라 건강증진 효과도 있는 것으로 알려져 있다. 인체 건강과 관련된 커피의 대표 생리활성물질 및 유사 성분의 특징이 제2절에서 언급되었는데, 커피의 다양한 효능이 이미 과학적으로 증명되어 커피가 거부감 없는 기호음료로 자리 잡고 있는 추세이다(그림 8–7).

물론 과다하게 마시는 커피는 건강에 나쁜 영향을 줄 수 있으며, 커피가 건강에 해를

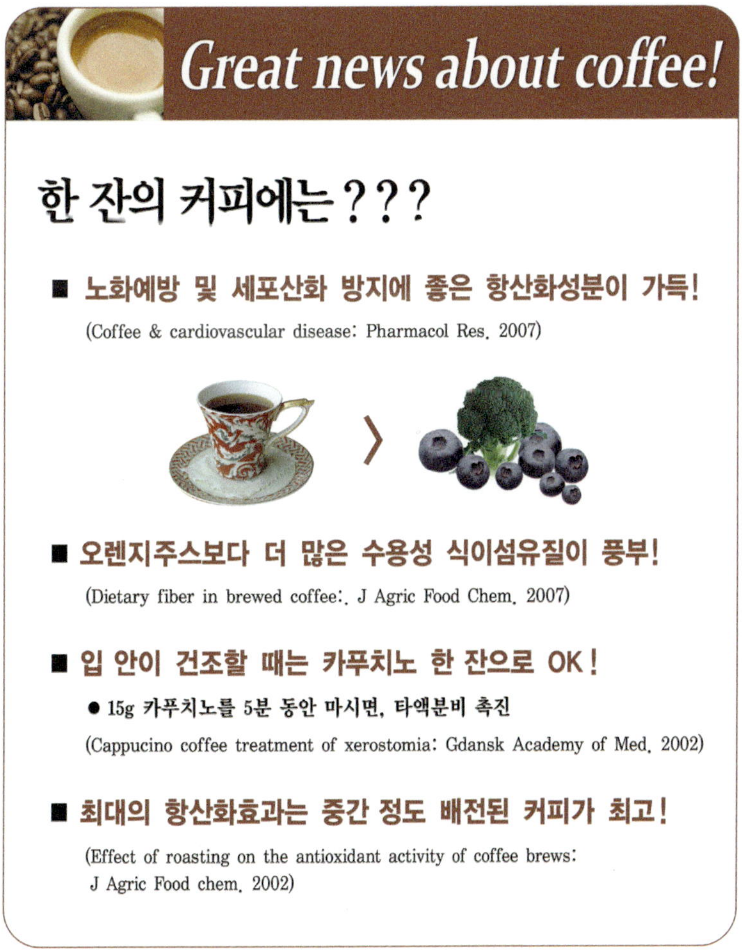

그림 8–7 | 커피 한 잔에 가득한 건강

출처 : National Coffee Association, USA, INC

끼친다는 연구 결과도 다수 있으므로 '커피와 건강에 대한 연구'는 더욱 활발히 진행되어야 할 것으로 보인다. 여기에서는 우리들의 건강에 도움이 되는 커피 성분의 효능을 이해하여 커피의 맛과 향을 더욱 즐길 수 있는 계기가 될 수 있도록 한다.

1) 항균 작용

예로부터 커피는 기관지 통증, 감기와 기타 질병의 민간요법에 많이 활용되어 왔다. 커피의 이러한 기초 건강성을 토대로 과학적으로 접근하는 커피 연구가 본격적으로 이루어지고, 흥미로운 다수 연구결과도 제시되고 있다. 세균과 바이러스에 대한 커피의 방어 효능도 그 중 하나이다.

커피 성분이 바이러스 감염에 의해 손상된 조직을 복구하고, 박테리아에 대한 항균 활성이 있는 것으로 나타났다. 커피 성분 중 하이드록시나믹산(hydroxycinnamic acid) 유도체에 해당되는 카페익산, 클로르젠닉산, 퀴닌산 등은 항 미생물 효능이 있다. 그 외 성분으로 프로토카테키닉산(protocatechnic acid)도 동일 효과가 있다.

생두의 로스팅 과정에 생성된 화학 성분은 신체기관 점막에 세균이 부착되는 것을 예방하는 항점착성 성질(antiadhesive property)이 있다. 특히, 스트렙토코커스 균(Streptococcus mutans)은 편도선 점막세포에 감염을 초래하는데, 커피가 이 균에 대한 항균작용을 보유한다.

Coffee Break

'커피 가글링(gargling)' 아시나요?

임상 연구자들에 의하면, 커피로 하는 가글링이 구강질환과 편도선염을 예방한다고 전한다.

2) 항산화 작용

지질 과산화작용에 의해 생성되는 과산화물과 이차 생성물은 세포의 산화적 손상을 일으키고 과산화에 의한 병리현상을 초래한다. 지질 과산화와 산화적 세포 손상을 억제하는 항산화 물질의 섭취는 산화적 스트레스를 줄일 수 있는 좋은 방법이다. 이에 식품으로부터 섭취되는 폴리페놀과 비타민 C, 비타민 E 등의 항산화 비타민은 우리 몸 세포를 건강하게 지키는 중요한 역할을 한다.

미국 영양유전체학(Nutrigenomics) 심포지엄의 보고에 의하면, 커피로부터 섭취되는 항산화 성분이 1일 총 섭취량의 31% 정도이다. 즉, 우리가 섭취하는 항산화 영양소 급원 중 커피 음료가 차지하는 비율이 높다고 할 수 있겠다. 일반 식품에 함유된 항산화 물질이 커피에도 풍부한데, 하이드록시나믹산 계열(카페익산, 클로로젠닉산, 쿠마릭산, 페루릭산, 시나픽산), 플라보노이드, 폴리페놀 등이 이에 속한다.

Coffee Break

커피 품종에 따라 항산화 효능이 어떻게 다를까?

로스팅 후, 대개 아라비카종에 비해 로버스타종의 항산화력이 강하다.

로스팅 정도에 따라 콜롬비아산 아라비카종 원두의 항산화 효능이 어떻게 변할까?

로스팅 정도가 강할수록 항산화력이 감소하고, 중간 정도의 로스팅에서 최대 항산화력을 보인다.

미국인과 프랑스인 중 커피의 항산화 성분을 적게 섭취하는 사람은?

- 강하게 로스팅한 커피를 즐기는 프랑스인
- 긴 시간, 높은 온도에서 로스팅하면 생두의 항산화 물질이 소실된다. 따라서 프랑스인이 커피의 항산화 물질을 적게 섭취한다고 할 수 있다.

비여과 추출 커피(unfiltered coffee)의 건강상 장점은?

- 비여과법으로 추출된 커피는 우리 몸에 글루타치온(glutathione) 수치를 높인다.
- 글루타치온은 독성 발암물질에 대한 세포 노출을 줄이고, 독성물질의 대사를 촉진시켜 해독을 돕는다.

클로로젠닉산의 활성산소 제거효능으로 산화적 스트레스를 경감시킨다

아라비카종, 로버스타종 커피에 풍부한 클로로젠닉산은 세포의 산화적 손상을 예방할 수 있는 항산화 효능이 탁월하다. 즉, 치명적인 산화적 스트레스를 초래하는 수산화 라디칼(hydroxy radical) 등과 같은 강력한 활성산소를 제거함으로써 우리 몸의 산화적 손상을 예방한다.

특히, 생두의 클로로젠닉산은 체내 흡수율과 대사율이 높으므로 우리 몸 세포에 대한 항산화 효능을 극대화할 수 있다. 클로로젠닉산에 존재하는 여러 이성체 중에는 카페오일퀴닉산(5-caffeoylquinic acid)이 강력한 항산화력이 있는 것으로 알려져 있다. 이와 같이 유해 산소 제거효능이 담긴 적당량의 원두커피 한 잔은 산화적 스트레스 경감에 간접적인 도움이 될 수 있다.

카페익산은 불포화지방산의 과산화 현상을 억제한다

하이드록시나믹산(hydroxycinnamic acid) 유도체인 커피 카페익산(caffeic acid)은 페놀성 수소원자를 지질 과산화 라디칼(lipid peroxyl radical)에 전달하여 지질 과산화 현상의 연속 흐름을 총체적으로 막는다.

카페익산의 항산화 능력은 인공 항산화제(BHA, BHT 등)와 천연 항산화제 중 알파토코페롤(α-tocophero)보다 우수하고, 자유 라디칼 제거능력도 강력하다. 특히, 산화력이 강한 활성산소인 과산화수소를 제거하는 특이성이 있으므로 세포의 치명적인 산화적 손상을 예방하는 효과가 크다고 할 수 있다. 즉, 커피 카페익산의 특징적 효능은 지질 과산화의 표적이 되는 세포막의 불포화지방산을 보호하여 세포막의 정상적 구조와 기능이 유지되도록 하는 것이다.

로스팅으로 생성된 신생물질이 우리 몸 세포의 산화를 예방한다

생두의 화학 성분뿐만 아니라 로스팅 후 생성되는 각종 신 물질이 커피의 항산화 효능에 영향을 미치는 것으로 알려져 있다. 이와 같은 항산화 신생물질(roasting-induced antioxidants)은 주로 로스팅 초기에 합성되며, 커피의 항산화 효능에 기여한다. 그러나 생두의 대표적 페놀성 물질인 클로로젠닉산은 로스팅 과정에서 거의 소실된다.

로스팅에 의한 메일라드 반응(maillard reaction)에서 생성되는 멜라노이딘(melanoidin) 등의 고분자 물질도 지질 과산화에 대한 억제력과 항산화력이 우수한 것으로 나타났다. 한편, 생두 로스팅 후 나타나는 원두의 총체적 항산화력을 멜라노이딘 합성에 관여하는 아라비노갈락탄(arabinogalactan), 퀴닌산(quinic acid), 페놀성 물질, 단백질 등에 의한 복합 효능으로도 보고 있다.

Coffee Break

커피 빈의 부산물인 실버 스킨(silver skin)에도 영양적 가치가 있을까?

- 실버 스킨에는 미량의 페놀 성분이 있지만, 항산화 활성은 매우 강하다.
- 장 건강을 지키는 비피도박테리아의 활발한 성장을 돕는다.
- 실버 스킨의 60% 정도가 식이 섬유질이며, 그 중 수용성 섬유질은 14% 정도이다.

3) 항암작용

독성물질을 해독하고, 암 유발 인자를 제거한다

커피의 특정 성분이 독성물질 해독작용을 통하여 암 유발 인자를 제거하고, 암 예방 효능을 가지는 것으로 알려져 있다. 커피 지방이며 다이터펜계에 속하는 카웰 · 카페스톨은 독성물질에서 발생되는 라디칼 생성을 억제할 뿐 아니라 독성물질 자체를 해독하여 암 유발 인자를 제거한다. 커피의 독성물질 해독작용은 신체기관 중 특히 간세포를 보호하여 간암 예방에 기여하는 것으로 보고된다.

카웰 · 카페스톨에 의한 해독과정은 다음과 같다. 독성물질을 활성화하는 효소작용을 억제시키고, 간세포가 독성물질에 직접 노출되는 것을 차단한다. 또한 독성물질에 의해 생성될 수 있는 라디칼이 이차 발암물질로 작용하는 것을 억제하여 간세포의 손상을 예방한다.

다이터펜계 커피 지방의 이와 같은 효능이 다수 연구자들에 의해 인정받고 있지만,

항암효능 등의 건강기능성에 대해 많은 후속 연구가 필요하다고 하겠다.

항산화 작용으로 특정 암을 예방한다

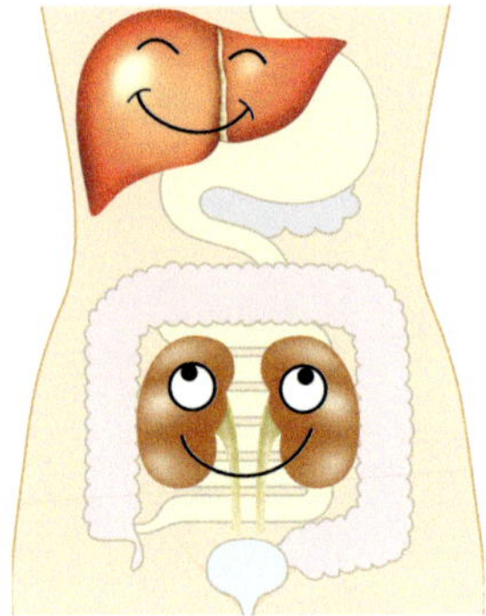

커피의 카페익산·폴리페놀·특정 휘발성 향 성분 등과 같은 생리활성물질이 암 예방 효능을 보유한다. 이들 성분은 항산화 작용을 통하여 부분적인 항암효능을 나타내는 것으로 알려져 있다. 각종 암 중 특정 암에 대해 이 성분들의 예방효능이 나타나는데, 대체로 간암과 신장암의 발병률은 감소시키는 반면에 난소암과 췌장암에 대한 예방효능은 없는 것으로 보인다.

자외선 차단효과로 피부암을 예방한다

최근 미국 러커스대학(Rutgers University)의 앨런(Allan H.) 박사 연구팀의 실험에서 커피와 차를 마시는 사람은 피부암에 노출될 확률이 적으며, 특히 커피 카페인이 '햇빛 차단제(sunscreen)' 효과를 보인다고 하였다. 이와 같은 커피 카페인의 피부암 예방 효능은 1일 3~5잔 커피를 마실 때 인체에 보유된 카페인 농도를 기준으로 한 것이다. 커피 카페인의 자외선 차단효능이 피부암 발생을 억제하는데, 자외선에 노출되는 피부세포 손상을 방지하고 피부암 유발 인자가 생성되지 않도록 한다. 그러나 커피 카페인의 피부암 예방효능에 대한 효과와 안전성은 아직 검증되지 않은 상태이므로 좀 더 활발한 임상연구가 필요하다.

커피 한 잔의 건강, 더 알기 01

커피 건강효능에 대한 생각 키우기

- 커피는 기호음료이므로 커피의 특성, 추출법 등에 따라 한 잔의 커피에 용해되는 성분의 조성과 농도가 다르므로, 개인 건강에 미치는 영향도 크게 다를 수 있다.
- 개인에 따라 커피를 마셔온 기간, 1일 마시는 횟수, 매회 마시는 커피 양 등에 대한 편차를 고려하여 커피의 건강효능이 논해져야 한다.

4) 신체의 에너지 소비 증대

신체에서 잉여분의 에너지는 체지방으로 저장되어 비만을 유발시키는데, 적절한 커피 섭취는 부분적으로 신체 에너지 소비량을 늘리므로 정상적인 체중 유지에 도움이 되는 것으로 제시되고 있다. 커피 연구자들의 보고에 의하면 커피를 마실 때 외부 환경에 적응하기 위해 필요한 적응 대사량을 증대시킬 수 있으며, 지방 산화를 촉진시키는 효과도 나타난다.

이와 같은 커피의 효능은 육체적 활동에 대한 효율성을 높이므로, 특히 운동선수들의 일시적인 체력유지에 도움이 된다. 수영, 달리기, 사이클링 등과 같이 에너지 소비량이 큰 운동을 할 때 더욱 효과적이다. 이때 커피는 신체 에너지 활용도를 최대로 만드며, 운동으로 인한 근육 통증을 감소시키는 효과가 있다.

Coffee Break

날씬한 몸매에는 1~2잔의 원두커피와 붉은 고추를 곁들인 메뉴가 최고

- 에너지 대사를 높여 저장 에너지를 소모시키므로 체중관리에 좋다.
- 커피 한 잔과 더불어 하는 운동은 체중 감소효과를 더 높인다.

운동선수들을 위한 '커피 마시기' 비법!

운동하기 30~60분 전에 마시는 1~2잔의 커피는 한시적인 신체 효율성을 높일 수 있다.

커피 한 잔의 건강, 더 알기 02

다이어트에 좋은 커피는?

■ 주요 커피 품목(1잔 기준)의 열량

(단위 : Kcal)

품목	열량
화이트핫초콜릿	326
카라멜프라푸치노	322
화이트초콜릿 모카	318
카페 모카	246
카푸치노	77
아메리카노	7

●유명 커피브랜드 제품 기준 ●참조: 밥 1공기 = 300Kcal

■ 인스턴트커피 VS 원두커피의 열량

(단위 : Kcal)

품목	열량
캔 커피(200ml)	82
커피(100ml)+설탕(5g)+크림(10g)	42.5
커피(100ml) + 설탕(5g)	27
커피(100ml) + 크림(10g)	23.3
원두커피 1잔	5

●칼로리 핸드북 참조

5) 생리적 활력과 집중력 유지

영국 웨일즈대학의 연구자들에 따르면 1~2잔의 원두커피는 스태미나를 증대시키고, 신체 피로를 낮추어 작업 능률을 높인다고 한다. 특히, 아침시간에 커피 한 잔은 경쾌한 생체리듬을 유지시켜 하루 일과를 즐겁게 시작하게 한다. 또한 집중력과 사고력을 필요로 하는 두뇌 작업을 할 때 원두커피 한 잔은 일의 완성도를 높게 할 수 있다.

커피의 이와 같은 긍정적 효능은 오스트리아 인스브룩대학병원 연구팀의 결과에서도 나타난다. 정상 남성들을 대상으로 한 커피 효능실험에서 커피를 마실 때 주의력과 집중력이 향상되어 기억력을 단기간 유지시켜 주는 탁월한 효과가 있다. 커피의 여러 성분 중 특히 카페인의 효과가 비중 있게 작용한 것으로 보인다.

긴장된 상태에서 시험을 치를 때 커피 한 잔을 마셔 보라! 안정되고 평안한 마음을 되찾게 되고, 한시적이지만 사고력과 집중력을 높여 좋은 결과를 얻게 될 것이다.

커피 한 잔의 **건강**, **더** 알기 03

영양 만점 '커피-바나나 스무디' 만들기

■ 재료 준비하기(4인분 기준)

원두커피 $1\frac{1}{2}$컵, 저지방 요구르트 $1\frac{1}{2}$컵, 바나나 2개, 호두 2큰술, 꿀 2큰술, 얼음 3~4조각

■ 만들기

1. 모든 재료를 블렌더에 넣고 빠른 속도로 1분간 혼합한다.
2. 만든 것은 즉시 먹도록 하고, 여분은 냉동 저장하여 필요할 때 먹는다.

커피에서 활력을, 요구르트는 칼슘, 바나나는 칼륨, 호두는 비타민 E를 제공하는 건강음료이다.

4. 커피의 건강증진기능

생두의 성분과 로스팅 작용에 의해 생성된 원두의 신 물질이 다양한 추출법을 거치면서 한 잔의 커피에 용해된다. 적당량의 커피 음용은 건강에 도움이 되는 생리활성 물질을 섭취하게 하며, 이들의 건강증진작용을 통해 질병 예방효과를 나타낼 수 있다. 이미 다수 해외문헌을 통해 커피의 생리 활성 성분이 인체 건강에 부여하는 효능과 질병 예방효과 등은 널리 알려져 있다.

커피가 우리들의 건강에 미치는 영향과 효능연구에서 부정적인 연구결과도 없지 않으나, 커피가 기호음료로 이미 자리매김한 현 시점에서 적절하게 마시는 커피가 건강에 어떻게 기여하는지 알아보자.

1) 건강한 혈관 유지

혈관계 질환은 신체 노화와 식이, 운동 등의 환경적 요인에 의해 발생하는 만성 퇴행성 질병의 일종이다. 특히, 혈관에 축적된 저밀도 지단백질의 산화는 혈관계 질환의 임상적 증세를 악화시킬 수 있는 요인이 될 수 있다.

커피와 건강에 대한 다수 국외연구에서 적절한 커피 섭취가 혈관을 건강하게 유지하는 데 도움이 되는 것으로 나타났다.

커피 한 잔의 건강, 더 알기 04

- 커피의 생리활성물질인 항산화 성분은 혈중 저밀도 지단백질의 산화 예방과 혈관 내부에 과산화 지질이 축적되는 것을 저해하는 효과가 있다.
- 이러한 커피 효능은 혈관 건강을 유지시키고, 노화와 산화적 스트레스가 위험요인으로 작용하는 혈관계 질환을 예방한다.
- 커피의 혈관건강효능을 뒷받침할 수 있는 기전(mechanism)에 대해 아직 논란의 여지가 있으므로 심도 있는 관련 연구가 필요하다.

저밀도 지단백질의 산화를 억제하여 혈관계 건강을 지킨다

우리가 즐겨 마시는 차 · 커피 · 코코아 등의 기호음료 중 저밀도 지단백질의 산화에 대해 억제력이 가장 강한 것은 어느 것일까? 네슬레 연구센터(Nestle Research Center, Lausanne, Switzerland)의 조사에 의하면 음료 한 컵 기준으로 커피가 저밀도 지단백질의 산화에 대해 가장 강한 억제효과를 보였다. 이것은 커피의 뛰어난 항산화 능력 때문이라 할 수 있다.

다수 연구에서 커피 성분 중 클로로겐닉산, 카페익산 등의 페놀성 물질과 기타 관련 성분이 저밀도 지단백질을 산화로부터 보호하는 항산화 효능을 보이며, 건강한 혈관 유지에 영향을 미친다. 또한 하루에 마시는 적당량의 커피 음용으로 혈청 저밀도 지단백질의 산화를 충분히 예방할 수 있다고 하며, 이와 같은 커피의 혈관건강효능은 동맥경화 증세와 심장질환 발병률을 낮추게 한다.

Coffee Break

생두 품종과 배전 강도에 따라 저밀도 지단백질의 산화 정도가 달라질까?

- 아라비카종 생두에 비해 2배 이상의 항산화력을 가진 로부스타종은 저밀도 지단백질의 산화에 대한 억제력이 더 탁월하다.
- 그러나 배전 후 저밀도 지단백질의 산화에 대해 두 품종 간의 저해효능은 차이가 없다.

혈중 과산화물에 의한 혈관의 산화적 손상을 억제한다

혈관 내부에 축적된 과산화물은 혈관조직의 산화를 유도하여 혈관계 질환을 악화시키고 관련 합병증을 유발한다. 다수 연구에서 적절하게 마시는 커피가 혈관 내강에 지질 과산화물이 축적되는 것을 막고, 혈관조직의 산화를 예방하여 혈관 건강을 돕는다. 커피의 이러한 효능은 널리 알려진 커피의 페놀물질뿐만 아니라 디클로로메탄 추출물에서 얻어지는 커피 성분인 퓨란 · 피롤 · 말톨 등에 기인한다. 이들 성분은 지질 과산화의 지표이며, 대표 과산화물로 알려진 말론디알데하이드(malondialdehyde) 생성을 저해시킨다.

혈관계 건강과 커피의 관련성 실험이 스코틀랜드 심장 건강연구(Scottish Heart Health Study)에서 이루어졌는데, 커피를 전혀 마시지 않는 사람보다 하루에 한두 잔 이상의 커피를 마시면 특히 관상동맥 질환의 발병 위험과 사망을 줄일 수 있었다. 연구에서 장기간 커피를 마셔온 40~59세의 성인 남녀 1만 1,000명을 대상으로 관상동맥 질환으로 인한 사망률을 8년간 추적하였다(그림 8-8). 그 결과 1일 평균 3~4컵 커피가 관상동맥질환 예방에 도움이 되는 것으로 보인다.

그러나 커피를 과다 음용할 경우에는 호모시스텐(homocystein) 증가를 초래하여 심

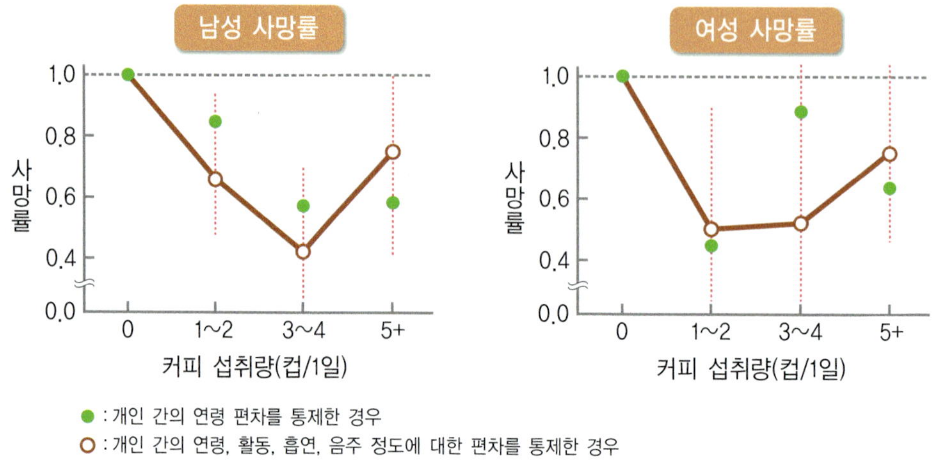

그림 8-8 ǀ 커피 섭취가 관상동맥 질환의 발병 위험과 사망에 미치는 영향

출처 : Scottish Heart Health Study(1999)

혈관계 질환을 악화시킬 수 있으므로 적절한 커피 음용이 권장된다.

2) 당뇨병의 대사성 장애 개선

최근 식생활의 서구화, 비활동적인 생활양식 등이 각종 성인병의 발병률을 높이는 데 기여하며, 성인병 중 특히 제2형 당뇨병은 국민 건강을 위협하는 만성질환이다. 당뇨병의 발생에 여러 요인이 작용하며, 세포의 산화적 손상은 당뇨병을 악화시키고 당뇨 합병증을 유발한다.

커피의 일부 항산화물질 또는 생리활성 성분이 산화적 손상을 유발하는 활성산소 제거 및 산화적 스트레스 억제작용을 통하여 항당뇨효과를 보인다. 이에 대한 관련 내용을 살펴보기로 하자.

적당량의 커피가 산화적 세포 손상으로 인한 당뇨병 증세를 완화시킨다

현대인의 기호음료인 커피에 항산화 효능을 보이는 폴리페놀 물질과 기타 생리활성 성분이 다량 용해되어 있으므로 적절히 마시는 커피는 산화적 세포 손상으로 악화되는 당뇨 합병증 관리에 도움이 될 수 있다. 당뇨병에 대한 항산화제의 효능 여부에 대해 아직 논쟁이 있지만, 커피 성분의 항산화 작용으로 나타나는 항당뇨 효능이 알려져 있다.

당뇨병 발생과 커피 섭취와의 관계를 조사한 국외 연구문헌에 의하면 하루에 적절히 마시는 커피가 당뇨병 발생 저하에 도움을 준다. 세계에서 커피 소비가 가장 높은 핀란드인을 대상으로 한 실험과 하버드 의과대학에서 실시한 연구에서도 커피의 항당뇨 효능이 잘 나타나 있다. 이들의 결과에서 각종 변수(연령, 교육, 육체적 활동, 흡연, 체질량지수 등)를 통제할 때 하루 2잔 정도의 커피가 당뇨병의 발병위험을 낮춘다.

커피의 클로르젠닉산 · 유사 성분 등이 당뇨병 대사장애를 개선시킨다

커피에 있는 100여 종 이상의 화학 성분 중 특히 클로르젠닉산은 혈중 포도당 대사를 개선하는 생리 활성물질로 작용한다. 식사 후 혈당 조절이 쉽지 않은 당뇨병 환자의 경우에 클로르젠닉산은 혈당을 서서히 상승시킴으로써 혈당 조절을 용이하게 하는 것으로 알려져 있다. 커피의 혈당 조절효능은 고혈당으로 인한 각종 이상 대사와 이로 인해 발생하는 당뇨 합병증세가 악화되는 것을 막을 수 있을 것이다.

클로르젠닉산과 비슷한 생리활성을 가진 커피 성분들도 항당뇨 기능이 있는데, 고혈당, 포도당 내사의 이상 증상, 세포의 산화적 손상 등을 개선하는 효과가 있다.

커피의 건강기능 일부는 항당뇨 특이성이 있는 커피성분의 복합효능이다

커피의 항당뇨 효능이 커피에 있는 특정 성분의 작용일 수도 있지만, 항당뇨 특이성

커피 한 잔의 **건강, 더** 알기 05

미국 하버드의과대학 연구 보고서(2009년) : 제2형 당뇨병의 건강식사 제안

- '하루 두 잔' 정도 커피를 마시면 제2형 당뇨병에 대한 위험률을 42%까지 낮춘다.
- 전혀 커피를 마시지 않는 경우보다 '하루 한 잔' 커피를 마시면, 당뇨병 유병률을 13% 정도로 낮출 수 있다.

을 가진 생리활성물질의 복합작용이라 할 수 있다. 다수 연구에서 이러한 결과를 제시하고 있다. 즉, 생두의 항산화 성분인 클로로젠닉산 · 카페익산 · 니코틴산 등이 일부 당뇨 대사성 이상 현상을 억제한다. 또한 원두에서 생리활성이 인정된 일부 휘발성 물질 · 신생물질도 함께 작용하여 커피에 항당뇨 기능을 부여하는 것으로 추정된다.

3) 산화적 세포 손상의 억제

인체 대사에 산소는 반드시 필요하나, 산소 이용과정에서 발생하는 활성산소와 관련 유리기 등은 세포 성분의 구조와 기능에 손상을 주고, 산화적 스트레스를 가중시킨다. 또한 퇴행성 병리현상의 원인이 되기도 한다. 인체 내 항산화 효소가 이러한 산화적 손상을 방어하며, 일반 식품뿐만 아니라 커피 성분에도 활성산소 생성을 억제하고 산화적 스트레스를 낮추는 기능이 있다(그림 8-9).

커피의 생리활성 성분 중 항산화제로 작용하는 성분과 그 효능은 제2절과 3절에서 논의되었다. 커피의 건강기능증진효과와 관련해 커피에 있는 항산화 물질이 어떤 종류의 활성산소를 선택적으로 제거하는지 알아보자. 산화적 세포 손상을 억제하는 커피 기능성을 이해하는 데 도움이 될 수 있다.

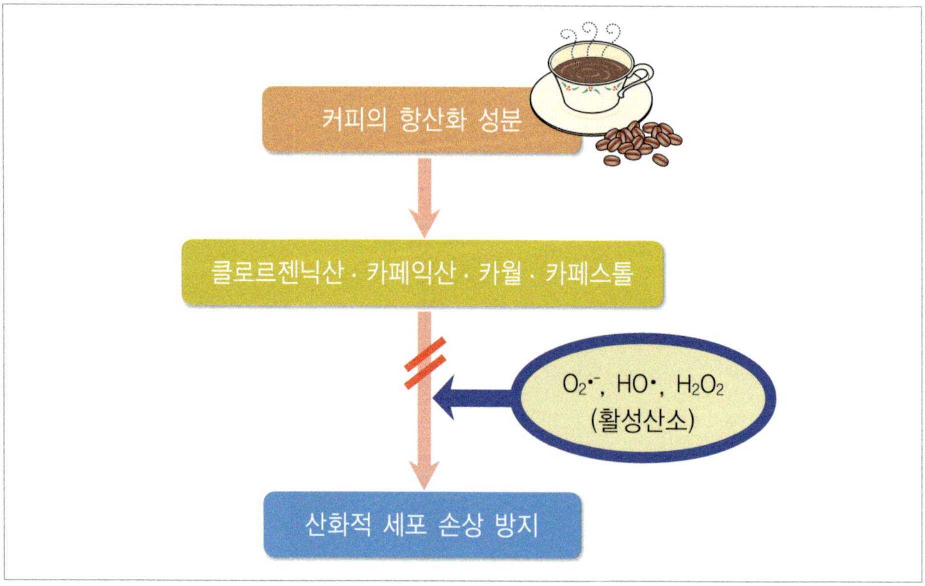

그림 8-9 I 커피의 활성산소 제거와 산화적 손상 보호작용

Coffee Break

커피, 알고 마시자! '커피 지방의 양면성'

- 카월 · 카페스톨 등의 커피 고유지방은 간조직의 글루타치온 트랜스퍼라아제(glutathione S-transferase)를 활성화하여 암 유발성 화학 성분을 무독화한다.
- 커피 지방은 대부분 중성지방이므로, 지나치게 커피를 마시면 건강한 혈관 유지에 나쁜 영향을 미칠 수 있다.

커피 성분이 산화적 손상을 일으키는 활성산소를 선택적으로 제거한다

- 활성산소 중 강력한 산화제로 작용하는 과산화수소는 세포막의 과산화를 초래하여 산화적 세포 손상을 촉진시키고, DNA 손상도 초래한다. 커피 고유지방이며, 항산화 물질인 카월 · 카페스톨은 과산화수소 생성을 최소화하여 이러한 산화적 손상을 억제하는 효능이 있다.
- 커피에 있는 폴리페놀 물질인 카페익산은 과산화수소뿐만 아니라 초과산화물(superoxide)도 제거하는 능력이 있다. 특히, 카페익산은 체내 대사과정에서 항

커피 한 잔의 **건강**, 더 알기 06

하루에 마시는 커피량 조절, 올바른 커피 추출법 등을 취사선택하여 '건강한 커피 한 잔'을 마시자

- 임상연구에서 과다하게 마시는 커피는 커피 지방으로 인한 혈중 콜레스테롤 상승 효과를 나타낸다.
- 커피 추출 시 여과추출 여부에 따라 '커피의 건강성' 이 달라진다.
- 프렌치프레스(french press) 추출에 의한 커피는 여과식에 의한 커피보다 건강성이 떨어진다.
- 커피가루를 직접 끓여 제공하는 터키식 추출은 커피 지방을 다소 함유하므로, 고 콜레스테롤혈증 효과(hypercholesterolaemic effect)가 있을 수 있다.

산화력을 가진 물질로 변하여 유해 활성산소의 소거 능력을 갖는다.

- 화학 반응성이 큰 수산화 라디칼(hydroxy radical)은 인체 손상조직에서 많이 볼 수 있다. 커피의 클로르젠닉산은 수산화 라디칼의 활성을 억제시키고, 연쇄적인 유리 라디칼 생성을 차단하여 세포의 산화적 손상이 악화되는 것을 막는다.

4) 노화 억제

장수시대가 도래하면서 신체 나이는 줄이고 건강 수명을 늘리기 위해 많은 관심을 보이고 있다. 이에 우리 몸 세포의 노화현상(aging process)을 지연시켜 주는 건강기능성 식품과 항노화 활성이 부여된 제품이 주위에 넘쳐나고 있다.

현대인의 기호음료인 커피도 적절히 마시면 노화 억제에 도움이 되는 것으로 알려져 있다. 생리적 노화에 대한 커피의 작용이 무엇인지 알아보자.

커피 한 잔의 **건강**, **더** 알기 07

하루에 커피 한 잔을 마시면 성 기능 활성화에 좋아요

커피를 마시는 성인 남성은 그렇지 않은 경우보다 테스토스테론의 작용이 더 왕성하다.

커피의 페놀성 · 비페놀성 일부 성분에 의한 세포막 보호기능이 항노화를 돕는다

- 노화 진행의 원인에는 여러 요인이 있으나, 반응성이 큰 활성산소와 유리기 등에 의한 세포의 산화적 손상을 노화의 주 원인으로 보고 있다. 특히, 세포막에서 발생하는 지질 과산화 현상과 세포 구성 물질의 손상은 노화를 촉진하여 노화 색소(age pigment)를 축적시킨다.

- 지질 과산화물 중 일부는 세포 단백질을 손상하여 노화 가속화 물질(lipofuscin-like fluorescent)을 생성하고, DNA 손상을 통하여 세포를 노화시킨다.
- 커피의 페놀성·비페놀성 일부 물질이 유해한 활성산소와 유리 라디칼의 생성을 억제하는 것으로 알려져 있다. 이와 같은 효능은 커피 성분의 항산화 작용과 관련이 있으며, 세포막의 구조적 손상과 과산화 현상 등을 차단하여 항노화(anti-aging)에 기여한다.
- 커피의 항노화성 페놀물질로는 카페익산과 그 대사물, 클로로젠닉산과 이성체가 있으며, 비페놀물질에는 트리고넬린, 니코틴산, 카페인 등이 있다.

Coffee Break

최근 커피열매 추출물을 이용한 항노화 제품이 생산되고 있어요

- 외부 환경의 스트레스로부터 커피 씨앗을 보호하기 위해 커피열매는 '항산화 물질'을 스스로 생산한다.
- 커피열매 추출물이 세포 손상을 일으키는 유리 라디칼 생성과 노화색소 축적을 억제하고, 노화세포를 복구시킨다고 소개된다.

항노화 크림

항산화제 분말팩

커피열매 추출물을 이용한 항노화·항산화제 제품

5) 중추신경계의 퇴행 예방

신체 노화는 노인성 질환의 발병요인으로 작용하는데, 중추신경계 퇴행과 신경전달물질 결핍 등에 의한 '파킨슨병(Parkinson's disease)'은 장수시대를 사는 현대인이 특히 우려하는 질병 중 하나이다.

최근 연구 자료에서 적절한 커피 섭취가 파킨슨병을 감소시킨다고 하여 커피 애호가들에게 많은 관심을 불러일으키고 있다. 파킨슨병에 대한 커피 효능을 통해 커피가 중추신경계의 건강에 미치는 영향을 알아보자.

1일 적당량의 커피가 파킨슨병을 억제시킨다

1일 적당량의 커피를 규칙적으로 마시는 사람은 파킨슨병에 대한 유병률이 낮은 것으로 나타난다. 싱가포르대학병원 신경과에서 하루 3컵의 커피를 10년간 마셔온 중국인들을 조사했는데, 이들은 커피를 마시지 않는 경우보다 22% 정도로 낮게 파킨슨병에 걸렸다. 과하지 않게 적절하게 마시는 커피는 파킨슨병을 유의성 있게 예방할 수 있음을 보여 준다.

미국 거주 일본인 남성(45~68세) 집단을 대상으로 파킨슨병에 대한 커피의 영향을 조사했는데, 연령 변수를 통제할 때 1일 적당량의 커피 섭취가 파킨슨병을 감소시키는 것으로 나타났다. 커피 성분 중 나이아신 혹은 커피에 첨가되는 우유, 설탕 등은 파킨슨병의 발생 여부에 영향을 미치지 않는 것으로 보인다. 유전적 · 환경적 요소도 파킨슨병에 영향을 주는 요인으로 작용하므로 커피의 효능연구 시 이러한 문제점도 고려해야 한다.

커피 한 잔의 건강, 더 알기 08

파킨슨병에 대한 커피 효능의 심층 이야기

- 국외 다수 연구에서 커피 카페인이 파킨슨병을 예방하고, 이에 대한 발병 시기를 늦추는 효과가 있는 것으로 보고되었다.
- 논란의 여지는 있으나, 커피 카페인과 체내 카페인 대사에 의한 신경세포 보호작용이라 추정된다.
- 향후 커피 카페인 외에 파킨슨병의 예방효능이 있는 커피의 특정 성분에 의한 약리작용도 고려되어야 한다.

파킨슨병의 진행 정도에 커피가 긍정적으로 작용한다

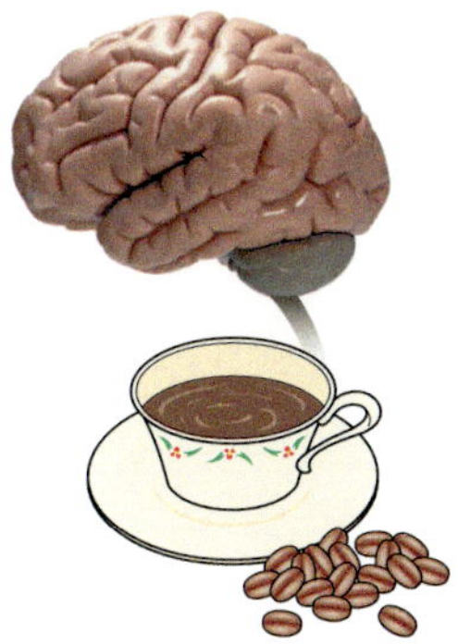

미국 메이오 클리닉센터(Mayo Clinic Center)에서 커피를 마신 기간에 따른 파킨슨병의 진행 여부를 살펴보았다. 커피를 지속적으로 마셔온 파킨슨병 환자 200여 명을 대상으로 파킨슨병의 진행 정도를 알아보고, 결과에 영향을 줄 수 있는 환자의 변수 요인(교육, 흡연, 음주 등)은 통제하였다. 메이오 클리닉의 발표에 의하면 장기간 동안 커피를 마셔온 사람이 그렇지 않은 경우보다 파킨슨병의 진행 속도가 확연하게 느린 것으로 나타났다.

커피 카페인이 퇴행성 중추신경계 질환(파킨슨병)의 예방기능을 갖는다

적당량의 커피에서 섭취되는 카페인이 파킨슨병 등과 같은 중추신경계 퇴행성 질환에 대해 예방효능을 나타낸다. 대뇌 신경전달물질의 결핍으로 파킨슨병은 근육경직, 운동장애 등을 유발하는데, 흰쥐모델실험에서 커피 카페인은 신경성 독성 저하, 운동성 결함 개선효능을 보인다. 또한 카페인 대사물의 일종인 파라잔틴(paraxanthine)도 신경세포를 보호하여 파킨슨병을 감소시킨다. 그러나 카페인과 관련 대사물의 신경세포 보호 작용에 대한 논란도 일부에서 제기되고 있다.

미국 하버드대학의 아스체리오(Ascherio) 박사 연구팀에 의하면, 카페인이 제거된 커피(decaffeinated coffee)보다 카페인이 있는 커피를 마셔온 정상인에서 파킨슨병 예방효능이 탁월함을 알 수 있다. 이 연구에서 퇴행성만성질환(파킨슨병, 뇌일혈, 암 등)이 없는 남녀 13만 5,000여 명에 대해 카페인 섭취와 파킨슨병의 상관관계를 10년 이상 추적해 왔다. 개인의 생활양식과 식품섭취빈도 등을 조사하여 매 2~4년 주기로 재조사・분석하며, 연령과 흡연 등의 요인도 통제했다.

하버드대학에서 실시한 커피 카페인과 파킨슨병의 관련성 연구에서 커피와 기타 카페인 음료를 섭취한 남성과 1일 1~3컵 정도의 커피를 마신 여성에서 파킨슨병에 대한 유병률이 낮은 것으로 나타났다. 그러나 카페인 제거 커피의 경우는 이러한 효과를 보이지 않는다.

커피 한 잔의 **건강**, **더** 알기 09

커피 카페인으로 인해 발생하는 뼈 손실을 지키는 방법

- 커피 한 잔(180mL)에 함유된 카페인은 우리 몸에서 5mg 정도의 칼슘 손실을 유발한다.
- 2큰술 정도의 우유 또는 요구르트를 먹으면, 커피 한 잔의 칼슘 손실이 보충된다.
- 카푸치노, 카페라테 메뉴를 선택하는 것도 좋은 방법이다.
- 특히, 여성들은 뼈 건강을 위해 커피 한 잔을 마실 때 우유 한 잔을 곁들인다.

당신의 "커피 IQ"이제 알아볼까요?

1. 아래 식품 중 천연 항산화제가 가장 많이 함유된 것은?

① 녹차　② 블루베리　③ 커피　④ 적포도주

2. 스태미나를 향상시키고 근육 통증을 줄일 수 있는 음료는?

① 우유　② 오렌지주스　③ 단백질 셰이크　④ 커피

3. 장거리 운전 시 피로를 줄이고, 안전 운행을 할 수 있는 효율적 방법은?

① 날씨와 상관없이 창문 열기　② 경쾌한 음악 듣기

③ 차도를 비켜나와 커피 한 잔, 휴식 갖기　④ 큰 소리로 노래하기

4. 노트에 글씨를 쓸 때 보기 좋도록 쓸 수 있는 방법으로 좋은 것은?

① 손을 노트로부터 바짝 붙여 쓰지 않기　② 커피 한 잔을 마시기

③ 등을 곧게 펴 자세를 바르게 하기　④ 펜 대신 연필로 쓰기

5. 조깅할 때 신체 수분을 유지하려면 어떻게 해야 하나?

① 가능하면 그늘에서 달리기　② 냉커피 마시기

③ 운동으로 흘린 땀을 자주 닦기　④ 달리는 속도를 10분마다 조정하기

6. 수용성 식이섬유소가 가장 많은 음료는 다음 중 어느 것인가?

① 녹차　② 블루베리　③ 커피　④ 적포도주

각 문항에 대한 정답으로 '커피 단어'가 있는 보기를 선택한다면,
당신의 커피 IQ는 최고!

출처 : National Coffee Association, USA., INC.

참고문헌 Reference

국내문헌

강준만 · 오두진(2005). **고종 스타벅스에 가다**. 인물과 사상사.

권장하(2005). **커피문화의 발자취**. 미스터커피 SICA 출판부.

박한중 역(2010). **에브리데이홈메이드커피**. 황금부엉이.

서지연 · 최유미(2009). **스타일이 살아 있는 핸드드립 커피**. 땅에 쓰는 글씨.

송주빈(2009). **커피사이언스**. 주빈출판사.

여동완 · 현금(2004). **coffee**. 가각본.

유대준(2009). **COFFEE INSIDE**. 해밀.

이윤호(2008). **완벽한 한잔의 커피를 위하여-커피 애호가와 전문가를 위한 커피의 모든 것**. MJ 미디어.

장상문 · 이정기 외 4인 공역(2010). **더 알고 싶은 커피학**. 광문각.

장상문 · 허경택 · 이정기 · 김윤호 역(2006). **커피학**. 광문각.

전광수 외 4인(2007). **커피바리스타**. 형설출판사.

전광수 · 이승훈 · 서지연 · 송주은(2008). **기초 커피바리스타**. 형설출판사.

조강욱(2011). **커피시장에도 명품 바람 분다**. 아시아 경제지.

천강원 역(2010). **일본식 커피수업**. 북 노마드.

하인리히 E. 야콥 저, 박은영 역(2005). **커피의 역사**. 우물이 있는 집.

한승환(2001). **커피 좋아하세요**. 자유지성사.

국외문헌

田口護(2003). 田口 護の珈琲大全, NHK出版.

田口護(2003). 珈琲大全, NHK 出版.

(株)べるもんど(2010). COFFEE BOOK 美味しい珈琲BOOK, 成美堂出版.

Adrian J, Frangne R(1991). Synthesis and availabilty of niacin in roasted coffee. Adv Exp Med Biol, 289, 49−59.

Andrea Illy, Rinaatonio Viani(2005). Espresso Coffee. The Science of Quality. Elsevier Academic Press.

Antonio A, Sanchez C.(2005). Javalution : fitness and weight loss through functional coffee. basic Health Publication, Inc.

Ascherio A, Zhang SM, Hernan MA, Kawach I, Colditz GA, Speizer FE, Willett WC(2001). Prospective study of caffeine consumption and risk of Parkinson's disease in men and women. Ann Neurol, 50(1), 56−63.

Banbury Report, coffee and health(1984). Edited by Macmahon B & Sugimura T, Cold Spring Harbor Laboratory.

Bekedam EK, Loots MJ, Schols HA, Van Boekel MA, Smit G.(2008). Roasting effects on formation mechanism of coffee brew melanoidins, J Agric Food Chem, 27, 7138−45.

Bekedam EK, Schols HA, Cammerer B, Kroh LW, van Boekel MA, Smit G.(2008). Electron spin resonance studies on the formation of roasting-induced antioxidative structures in coffee brews at different degree of roast. Agric Food Chem, 25, 4597−604.

Belitz HD, Grosch W.(1987). Coffee, Tea, Cocoa. In: Food Chemistry. p. 681−686, Springer-Verlag, Berlin.

Belitz HD, Grosch W.(1986). Food Chemistry. Sptringer-Verlag.

Benedetti M, Bower J, Maraganore D, McDonnell S.(2000). Smoking, alcohol, and coffee consumption preceding Parkinson's disease: A case-control study. Neurol, 55, 1350−1358.

Boekschoten MV, Schouten EG, Katan MB(2004). Coffee bean extracts rich and poor in kahweol both give rise to elevation of liver enzymes in healthy volunteers, Nutr. J, 3, 7−15.

Cadden IS, Partovi N, Yoshida EM.(2007). Review article: possible beneficial effects of coffee on liver disease and function. Aliment Pharmacol, 45(11), 2118−25.

Cao G, Sofic E, Prior R. L.(1997) Antioxidant and prooxidant behavior of flavonoids: structureactivity relationship. Free Radic Biol Med, 22, 749–760.

Coffee Taster's Flavor Wheel, SCAA.

Daglia M, Papetti A., Aceti C., Sordelli B., Gregotti C., Gazzani G.(2008). Isolation of high molecular weight components and contribution to the protective activity of coffee against lipid peroxidation in a rat liver microsome system, J Agric Food Chem, 32, 3785–96.

Daglia M, Racchi M, Papetti A(2004). In vitro and ex vivo antihydroxy radical activity of green and roasted coffee. J Agric Food Chem, 52(6), 1700–4.

Daglia M., Tarsi R., Papetti A., Grisoli P., Dacarro C., Pruzzo C., Gazzani(2002). Antiadhesive effect of green and toasted coffee on Treptococcus mutans' adhesive properties on saliva-coated hydroxyapatite beads, J Agric Food Chem, 50(5), 1225–9.

Davids K(2001). Coffee: A guide to buying, brewing, and enjoying, St. Martin's Griffin.

Del Castillo MD, Ames JM, Gordon MH(2002). Effect of roasting on the antioxidant activity of coffee brews. J Agri Food Chem, 50(13), 3698–703.

Debry G(1994). Coffee and health, John Libbey & Company Ltd.

Devasagayam TP, Kamat JP, Mohan H, Kesavan PC.(1996). Caffein as an antioxidant: inhibition of lipid peroxidation induced by reactive oxygen species. Biochim Biophys Acta, 1282, 63–70.

Farah A, Monteiro M, Donangelo CM, Lafay S.(2008). Chlorogenic acid from green coffee extract are highly bioavailable in humans. J Nutr. 138, 2309–15.

George SE, Ramalakshmi K, Mohan Rao LJ(2008). A perception on health benefits of coffee. Grit Rev Food Sci Nutr, 48(5), 464–86.

Gewin V.(2002). Brew could protect teeth from colonizing bacteria. Published online, Nature.

Gomez-Ruiz JA., Leake DS., Ames JM.(2007). In vitro antioxidant activity of coffee compounds and their metabolites. J Agric Food Chem, 55(17), 6692–9.

Gross G, Jaccaud E, Huggett AC(1997). Analysis of the content of the diterpenes cafestol and kahweol in coffee brews. Food Chem Toxicol, 35, 547–54.

Güçlin I(2006). Antioxidant activity of caffeic acid(3,4-dihydroxycinnamic acid). Toxicol, 16, 213–

20.

Heffernan TP., Kawasumi M., Blasina A, Anderes K., Conney AH., Nghiem P.(2009). ATR-Chk1 pahtway inhibition promotes apoptosis after UV treatment in primary human keratinocytes: potential basis for the UV protective effects of caffeine, J Invest Dermatol, 129, 1805−15.

Higdon JV, Frei B(2006). Coffee and health, Grit Rev Food Sci Nutr, 46(2), 101−23.

Huang J, de Paulis T, May JM(2004). Antioxidant effects of dihydrocaffeic acid in human EA.hy926 endothelial cells. J Nutr Biochem. 15, 722−729.

Huber WW, Teitel, CH, Coles BF, King RS, Wiese FW(2004). Potential chemoprotective effects of the coffee components kahweol and cafestol palmitates via modification of hepatic N-acetyltransferse and glutathione S-transferase, Environ Mol Mutagen, 44(4), 265−76.

Instaurator(2008). The Espresso Quest, Loowedge Publishing.

Jean Lenoir and David Guermonprez(2005). The Le Nez du Cafe Aroma Kit.

Jon Thorn(2006) The Coffee companion.

Kenneth Davids(2001). Coffee - A Guide to Buying, Brewing, Enjoying, ST. Martin's Griffin.

Kenneth Davids(2003). Home Coffee Roasting, ST.Martin's Griffin.

Kevin Sinnoft(2010). The art and Craft of Coffee, QUARRY.

Knight CA, Knight I., Mitchell DC, Zepp J E(2004). Beverage caffeine intake in US consumers and subpopulations of intertest: estimates from the share of intake panel survey, Food Chem Toxicol, 42(12), 1923−30.

Knox K, Huffaker JS(1997). Coffee Basic, John Wiley & Sons, Inc.

Lee KJ, Choi JH, Jeong HG(2007). Protective effects of kahweol and cafestol against hydrogen peroxide-induced oxidative stress and DNA damage, Toxicol. Lett. 173(2), 80−7.

Nawort P, Jordan S, Eastwood J, Rotstein J, Augenholtz A, Feeley M(2003). Effects of caffeine on human health, Food Addit Contam, 20(1), 1−30.

Nina Luttinger, Gregory Dicum(1999). The Coffee Book, New Press.

Nkondjo KA(2008). Coffee consumption and the risk of cancer: An overview, Cancer Lett, 36, 154−162.

Nohl H(1993). Involvement of free radicals in aging: a consequence or cause of senescence, British Med Bull, 49, 653−667.

Nutrigenomics: The New Science of Genes, Nutrition, and Health(2006). Symposium in collaboration and with the Center for Excellence for Nutritional Genomics, University of California at Davis, USA.

Ranheim T., Halvorsen B.(2005). Coffee consumption and human health-beneficial or detrimental? - Mechanisms for effects of coffee consumption on different risk factors for cardivascular disease and type 2 diabetes mellitus. Mol Nutr Food Res, 49(3), 274−84.

Richelle M, Tavazzi I, Offord E(2001). Comparison of the antioxidant activity of commonly consumed polyphenolic beverages(coffee, cocoa, and tea) prepared per cup serving, J Agric Food Chem, 49(7), 3438−42.

Ross GW(2000). Association of coffee and caffeine intake with the risk of parkinson disease, JAMA, 283, 2674−9.

ROAST MAGAZINE(January/February 2007).

SCAA Protocols/Cupping Specialty Coffee(2009). The Specialty Coffee Association of America

Schwarzschild MA, Chen J, Ascherio A(2002) Caffeinated clues and the promise of adenosine A(2A) antagonists in PD. Neurol, 58(8), 1154−60.

Stadler RH., Turesky RJ., Muller O., Markovic J., Leong-Morgenthaler PM.(1994). The inhibitory effects of coffee on radical-mediated oxidation and mutagenecity. Mutat Res, 308, 177−190.

Takeda E, Terao J, Nakaya Y(2004). Stress control and human nutrition. J Med Invest, 51, 139−145.

Tan EK, Tan C, Fook-Chong SM, Lum SY(2003). Parkinson's disease: a study in ethnic Chinese, J Neurol Sci, 216(1), 163−7.

The Art of Aroma Perception in Coffee(1997). The Specialty Coffee Association of America.

Urgert G, Katan MB. 1997. The cholesterol-raising factor from coffee beans. Annual Rev Nutr, 17, 305−24.

Verhoef P(2002). Contribution of caffeine to the homocysteine-rasing effect of coffee, Am J Clin

Nutr, 76, 1244−48.

WBC Committee(2010). WBC Rules and Regulation.

William Ukers(1922). All about Coffee, The Tea and Coffee Trade Journal Company.

Woodward M., Tunstall-Pedoe H.(1999). Coffee and tea consumption in the Scottish Heart Health Study follow up: conflicting relations with coronary risk factors, coronary disease, and all cause mortality. J Epidemiol Community Health, 53, 481−487.

Yanagimoto K., Ochi H , Lee KG., Shibamoto T.(2004). Antioxidative activities of fractions obtained from brewed coffee. J Agric Food Chem, 52(3), 592−6.

Yen W J, Wang BS , Chang LW, Duh PD (2005). Antioxidant properties of roasted coffee residues. J Agric Food Chem, 53, 2658−2663.

Yoshida Y., Hayakawa M., Niki Etsuo(2008). Evaluation of the antioxidant effects of coffee and its components using the biomarkers hydroxyoctadecadienoic acid and isoprostan, J Oleo Sci, 57, 691−697

Zhao Z , Shin HS , Satsu H , Totsuka M , Shimizu M (2008). 5-Cffeoylquinic acid and caffeic acid down-regulate the oxidative stress and TNF-alpha-induced secretion of interleukin-8 from Caco-2-cells. J Agric Food Chem, 28, 3863−8.

http://mold1955.blog.me150046486683

http://cafe.naver.comtalkncity143

http://www.camu.kr

http://www.cupofexcellence.org/

http://www.flickr.com

http://www.google.co.kr

primera coffee PRIMERA COFFEE

찾아보기 Index

저자소개

(사)한국커피전문가협회

길진모
미국 미네소타주립대학교 영양학 박사
호남대학교 조리영양학부 교수

김송숙
미국 미네소타주립대학교 영양학 박사
구미대학교 웰빙식품계열 교수

김재근
경희대학교 대학원 관광경영학 석사
커피아저씨 대표

송 훈
World Barista Championship Certified Judge
커피스쿨101 대표

이효숙
서울여대 평생교육원 바리스타 과정 지도교수
(주)커피더쏠, 더쏠커피교육학원 대표

전광수
단국대·성신여대 커피 과정 지도교수
전광수 커피아카데미 대표

최유미
경희대학교 조리외식경영학과 박사과정
SPC 그룹 커피교육 담당

바리스타가
알고 싶은 커피학

2011년 3월 10일 초판 발행 | 2022년 2월 25일 11쇄 발행

지은이 (사)한국커피전문가협회 | **펴낸이** 류원식 | **펴낸곳** **교문사**

주소 (10881)경기도 파주시 문발로 116 | **전화** 031-955-6111 | **팩스** 031-955-0955
홈페이지 www.gyomoon.com | **E-mail** genie@gyomoon.com
등록 1960. 10. 28. 제406-2006-000035호
ISBN 978-89-363-1118-6 (93590) | 값 22,000원

* 저자와의 협의하에 인지를 생략합니다.
* 잘못된 책은 바꿔 드립니다.